ANDREAS MARQUART | PHILIPP BAGUS

WIR SCHAFFEN DAS ALLEINE!

Mit einem Vorwort von ROLAND TICHY

FBV

Warum kleine Staaten einfach besser sind

Bibliografische Information der Deutschen Nationalbibliothek
Die Deutsche Nationalbibliothek verzeichnet diese Publikation in der Deutschen Nationalbibliografie; detaillierte bibliografische Daten sind im Internet über http://d-nb.de abrufbar.

Für Fragen und Anregungen:
info@finanzbuchverlag.de

1. Auflage 2017

Nymphenburger Straße 86
D-80636 München
Tel.: 089 651285-0
Fax: 089 652096

Redaktion: Matthias Michel
Korrektorat: Hella Neukötter
Umschlaggestaltung: Maria Wittek, München
Umschlagabbildung: ilolab/Shutterstock.com, Maisei Raman/Shutterstock.com
Satz: Daniel Förster, Belgern
Druck: GGP Media GmbH, Pößneck
Printed in Germany

ISBN Print 978-3-95972-043-4
ISBN E-Book (PDF) 978-3-96092-066-3
ISBN E-Book (EPUB, Mobi) 978-3-96092-067-0

Weitere Informationen zum Verlag finden Sie unter

www.finanzbuchverlag.de

Beachten Sie auch unsere weiteren Verlage unter www.m-vg.de.

Inhalt

VORWORT

Brexit, Trumps Deal und Europa

von Roland Tichy

Als Donald Trump, zu der Zeit noch designierter Präsident der Vereinigten Staaten von Amerika, neue »Deals« für die US-amerikanische Wirtschaft angekündigte, knickten der Euro und die Börsenkurse in Europa noch am Tag der Erklärung zum Teil kräftig. Trumps Worte haben die Automobilfirmen härter getroffen als die Diesel-Affäre. Das sind keine »Buchwerte«. Börsen sind sensible Messsysteme für Unsicherheit und Veränderung. Müssen die Deutschen also Angst vor Trump haben? Was passiert mit Europa, das gerade eine Phase der Unsicherheit und des Streits um die Zukunft seiner Gestalt durchläuft? Muss Europa jetzt noch enger zusammenrücken? Braucht es jetzt dringender denn je die Vereinigten Staaten von Europa? Mehr Zentralismus, um gegen Trump ausreichend politisches Gewicht entwickeln zu können?

Andreas Marquart und Philipp Bagus behandeln in ihrem Buch *Wir schaffen das – alleine* diese brennenden Fragen und kommen zu dem Schluss, dass Europa entgegen der landläufigen Meinungen mehr Dezentralität und mehr politischen Wettbewerb benötigt. Für die Autoren liegt die Antwort auf die Globalisierung in kleinen politischen Einheiten und nicht in Riesenstaaten, die, wie jetzt im Falle von Trumps Präsidentschaft, das Potenzial haben, wie Elefanten im Porzellanladen großen Schaden anzurichten. Der Fürst von Liechtenstein oder der Schweizer Bundespräsident hingegen bewegen mit ihren Tweets nicht die Börsenkurse dieser Welt, und das ist gut so. Sie besitzen nicht diese gefährliche, unberechenbare Macht, die Trump ausübt.

Das Seltsame ist, dass Trump das erfüllt, was sich Linke und Grüne in Deutschland herbeisehnen: Er bremst die Globalisierung und beendet den wirtschaftlichen Liberalismus. Er regiert per Twitter in die Wirtschaft hinein – und betreibt damit das Gegenteil von Ordnungspolitik, der Trennung zwischen Wirtschaft und Politik. Längst greift auch Berlin immer öfter und tiefer per Anweisung in das Mikrogeflecht der Wirtschaft ein. Auch Berlin hat zu viel Macht. Selbst im deutschen Nationalstaat ist in den Augen der Autoren schon zu viel Macht konzentriert. Marquart und Bagus plädieren für noch kleinere Einheiten – ein ungewöhnlicher, aber sicher bedenkenswerter Ansatz. Schließlich wäre es für zahlreiche und kleine Staaten einfacher, den Anweisungen Berlins zu entkommen und in konkurrierende, freiere Gebiete auszuweichen. Der Wettbewerb setzt der Politik ihre Grenzen.

Trump vollzieht, was sich viele in Deutschland wünschen: Er setzt den Primat der Politik durch, und die Wirtschaft hat seinen getwitterten Befehlen zu folgen. US-Firmen stoppten daraufhin Produktionsverlagerungen ins Ausland: 1.000 Jobs in einer Fabrik für Kühlgeräte in Indiana wurden gerettet.

Deutsche Autos, die in Mexiko billig gebaut und von dort in die USA importiert werden, sollen mit 35 Prozent Strafsteuer belegt werden. Dabei hatten es sich die Deutschen doch so schön ausgerechnet und sich vorgenommen, vom billigen Industriestandort Mexiko mit willigen Arbeitskräften aus ganz Amerika, von Alaska bis Feuerland, und einen Teil Asiens zu beliefern.

Strukturwandel als Wohlstandsmaschine

Trumps »New Deal« ist ein radikaler Bruch mit der Nachkriegsordnung der Wirtschaft. Deutschland kam nach dem Zweiten Weltkrieg wieder auf die Beine, weil die »Käfer« aus Wolfsburg durch Amerika krabbeln durften und dort Geld für das »Wirtschaftswunder« einfuhren.

Die Öffnung der Märkte, zunächst des Westens, nach 1989 dann der ganzen Welt, war ein globales Konjunkturprogramm. Es setzte darauf, dass es allen Beteiligten Vorteile bringt, wenn die Fabriken dorthin wandern, wo die Löhne noch niedrig sind. Die Textilindustrie hat es vorgemacht: Erst wanderten die Nähereien nach Südeuropa, dann nach Nordafrika, später nach China und zuletzt nach Bangladesch und Burma. Andere Industrien folgten dem Trend. Die Produkte von Apple werden im Silicon Valley erdacht, aber in China von Foxconn (mit circa 450.000 Mitarbeitern) hergestellt.

Die klassischen Industrieländer sind in der Globalisierung Gewinner und Verlierer zugleich: Sie verlieren im Strukturwandel Arbeitsplätze und sind ständig gezwungen, mit neuen

Produkten und Ideen höherwertige Arbeitsplätze zu schaffen – bis auch die wieder verloren gehen. So hat auch Deutschland wichtige Industriezweige abgeben müssen: in der Produktion von Haushaltsgeräten, Unterhaltungselektronik, Fotoapparaten – ein Drama für die Beschäftigten. Und doch war der ständige Strukturwandel und Zwang zur Innovation eine immer schneller laufende Wohlstandsmaschine.

Nicht nur die Öffnung der USA hat Deutschland also zu dem gemacht, was es heute ist. Der fortgesetzte Einigungsprozess in Europa hat Deutschland weitergeholfen. Die Öffnung Osteuropas nach dem Fall des Eisernen Vorhangs beschleunigte den Vorgang: Deutschland rückte wieder in das Zentrum Europas. Es ist elementar davon abhängig, dass die Grenzen offen bleiben. Dass Trump Europa als Deutschlands Projekt zur Durchsetzung seiner Interessen benennt, ist zwar politisch fragwürdig – die wirtschaftlichen Daten aber sprechen dafür. Die Deutschen haben die Chancen des gemeinsamen Marktes am besten genutzt und Krisen immer wieder zu ihrem Vorteil bewältigt.

Autarkie ist teuer und meist unmöglich

Zuletzt wuchs jedoch das Unbehagen an offenen Märkten: Freihandelsabkommen werden abgelehnt; faire, also höhere Preise für Produkte aus anderen Ländern werden aus ethischen Gründen gefördert; globale Standards für Arbeitsbedingungen sollen den globalen Kreislauf verlangsamen. Das gilt auch für Europa: Offene Märkte gelten vielen als ähnliche Bedrohung, etwa wenn es um die Landwirtschaft geht. Die deutschen Milchbauern würden Europa für sich gerne abschaffen. Europaweite Ausschreibungen belasten die Kommunen.

Zu Beginn des Nachkriegsaufschwungs stand aber die Öffnung des riesigen US-Marktes für die Europäer. Deutschland war von Anfang an Gewinner und, wenn man so will, ein Täter der Globalisierung, nicht ein Opfer. Das deutsche Wirtschaftssystem ist darauf ausgelegt, gemessen an den Wirtschaftssystemen aller größeren Länder vermutlich sogar am meisten zielgerichtet: Zulieferung von den Werkbänken aus dem billigen Osteuropa, dann Veredelung im Inland und schließlich teurer Export in die Weltmärkte. Globale Verflechtung und Lieferketten bis in den hintersten Winkel – das ist das deutsche Modell!

Es ist ein Erfolgsmodell, weil es sich gegen protektionistische Vorstöße behaupten konnte – insbesondere China startet immer neue Versuche, die Spielregeln einseitig zu seinem Vorteil zu ändern. Wenn Donald Trump seinen »New Deal« tatsächlich durchzieht, muss sich Deutschland neu erfinden.

Trump benennt die USA als Verlierer: Das Land hat seine Märkte geöffnet und Millionen Arbeitsplätze verloren. Nicht nur in Europa, sondern gerade in Asien sind Hunderte von Millionen Menschen der Armut entkommen; neue Mittelschichten sind entstanden. Trump behauptet, das sei zulasten Amerikas geschehen. Ist das fair?

Protektionismus ist schädlich für alle Beteiligten. Aber, so legen Marquart und Bagus überzeugend dar, große Volkswirtschaften können mit Protektionismus besser umgehen, weil sie innerhalb ihrer Grenzen Arbeitsteilung und Spezialisierung wenigstens in Maßen aufrechterhalten können. Kleinere, spezialisierte Volkswirtschaften verhungern buchstäblich draußen vor der Tür. Das ist die klare Lehre aus der Zwischenkriegszeit, nachdem die globale Freihandelsbewegung eingefroren war und die großen Reiche wie das Osmanische Reich, die Doppelmonarchie Österreich-Ungarn, das russische Zaren- und das deutsche Kaiserreich in kleinere und kleinste Einheiten zerfallen waren, die sich noch dazu voneinander abschotteten. Autarkie ist eine teure, meist sogar unmögliche Lösung, die Konflikte erzeugt, die, wie die Geschichte lehrt, oftmals auch blutig ausgetragen werden.

Der Wettbewerbsdruck und die Nähe zum Bürger bewirken, wie die Autoren zeigen, mannigfaltige Vorteile. Kleinere Länder sind meist besser verwaltet und einfallsreicher in ihrer gesellschaftlichen Fortentwicklung. Ohnehin neigen sie weniger zu aggressivem Auftreten. Um fehlende Größenvorteile zu ersetzen, wurden schon früher gemeinsame Wirtschaftsräume ohne Abschottung und Handelsbarrieren erfunden. Das war die Geburtsstunde der EU. Sie geht einher mit hohen Wachstumsraten.

Daher braucht Deutschland Europa. Die Frage ist nur: dieses Europa? Braucht es weitere politische Zentralisierung? Löst die Forderung nach immer mehr Verhinderung nicht doch Konflikte aus, die nur zu einer Vertiefung der Konflikte beitragen? Gibt es auch andere Formen der Zusammenarbeit, die weniger schwerfällig, weil auch weniger tiefgreifend sind? In diesem Buch werden solche Antworten gesucht. Europa braucht den Wettbewerb der Ideen wie den der Regionen. Dieser Wettbewerb, so argumentieren Marquart und Bagus, habe Europa ausgezeichnet und großgemacht. Sollte es etwa sein, dass Europa nur dezentral und flexibel in kleinen Einheiten die passende Antwort auf die Gefahr des Protektionismus geben mag?

Trump erfüllt Wünsche der Grünen und Linken

Trump fordert eine neue Gewinn- wie Lastenverteilung – auch in Sicherheitsfragen. Hier hat Deutschland ebenfalls eine schwache Stelle: Es ließ sich gut leben unter dem amerikanischen Schutzschirm, und es war einfach, aus einer pazifistischen Position heraus die USA für ihre Verteidigungsmaßnahmen zu kritisieren. Diese Haltung ist mit »America First« plötzlich überholt.

Wenn man so will: Mit Trump geht die liberale Nachkriegsära zu Ende. Der wirtschaftliche Liberalismus ist seine Sache nicht. Der »echte« Trump vollzieht, was sich Linke und Grüne wünschen: das Ende der Globalisierung, das Ende dessen, was man sehr allgemein als Neoliberalismus bezeichnen könnte. Und Ordnungspolitik? Ein Tweet reicht, um bewährte Spielregeln der Machttrennung zu zerschlagen. Protektionismus erhält eine neue Qualität. »Wohlstand für alle« wurde unter einem anderen Vorzeichen gedacht und formuliert.

Quasi ganz nebenbei buchstabiert Trump auch Europa neu: Der Brexit wird als schlaue Maßnahme interpretiert, um dem »deutschen« Europa zu entkommen. Galten die Briten zunächst als »Dumme«, weil sie die Segnungen der EU für sich nicht fortsetzen wollten, so sind sie jetzt die »Schlauen«. Diese Botschaft wird auch in anderen europäischen Ländern verstanden werden. Damit gibt Trump den Zentrifugalkräften in Europa neuen Schwung. Die Antwort kann aber nicht ein »Weiter so« heißen, sondern verlangt flexible Antworten.

Einleitung

Die politische Integration Europas ist alternativlos. Nur sie sichert Frieden und Wohlstand für Deutschland. Die EU ist der Garant für die Stellung Europas in der globalisierten Welt.

Diese Sätze sind allgemein akzeptiert. Diese Heilsversprechen sind seit Jahrzehnten Grundlage deutscher Politik und der medialen Berichterstattung. Sie haben sich tief in unser Bewusstsein und Selbstverständnis eingegraben und sind zur nicht mehr hinterfragten öffentlichen Meinung geworden. Oder haben Sie diese Aussagen schon einmal hinterfragt? Falls nicht, dann ist es an der Zeit. Das gebieten schon die Erfordernisse intellektueller Redlichkeit und unabhängigen Denkens, die jedem verantwortlichen Handeln zugrunde liegen. Und wenn die deutsche Politik und öffentliche Meinung auf Grundsätzen aufbaut, die sich bei genauerer Betrachtung als falsch herausstellten, dann könnten wir auf einem verhängnisvollen Irrweg wandeln. Umkehr wäre schnellstens geboten.

In diesem Buch wollen wir an diesen Sätzen rütteln und ihrem Wahrheitsgehalt auf den Grund gehen.

Anlass genug besteht und die Zeit drängt. Denn der Entscheid der Briten vom 23. Juni 2016, die EU verlassen zu wollen, ist zweifellos eine Zäsur in den Bemühungen der europäischen Machteliten um eine weitere Integration Europas.

Auch die Wohlstandsverheißungen der EU haben ernste Risse bekommen. Die im Jahr 2008 mit voller Wucht über die Welt und Europa hereinbrechende Finanz- und Eurokrise und die nur schleppende Erholung haben für eine schwere Flaute bei der allgemeinen Begeisterung für noch mehr Europa gesorgt.

Die Politik sucht derweil, und auf Grundlage der einführenden Sätze, ihr Heil in einer umfassenderen politischen Integration. So müsse, um die europäische Währungsgemeinschaft zu stabilisieren, nun möglichst bald die politische Union folgen, müssten Vorschriften, Regulierung und Gesetze noch stärker harmonisiert werden. Letztlich könne man aus der Not eine Tugend machen und dank der Erfordernisse der Krise den Wunschtraum eines politischen und wirtschaftlichen Zusammenschlusses der europäischen Nationalstaaten schneller erreichen. Die Herausforderungen der Globalisierung würden die einzelnen Staaten vor immer größere Herausforderungen stellen, die nur gemeinsam gemeistert werden könnten, vom globalen Krieg gegen den Terror und der Bewältigung der Flüchtlingskrise ganz zu schweigen. Und wer sich gegen die EU ausspricht, der riskiere sogar den Frieden in Europa.

Mit ihren Argumenten bestimmen die Euromantiker die öffentliche Wahrnehmung. Doch wie sieht es mit der Qualität ihrer Argumente aus? Können diese bei näherer und vor allem *logischer* Betrachtung wirklich überzeugen? Ist »größer« in Zeiten der Globalisierung wirklich automatisch »besser«? Wäre das Aufgehen Deutschlands in den Vereinigten Staaten von Europa ein Fortschritt? Würde der EU-Staat Frieden, Freiheit und Wohlstand sichern? Sind die Interessen des Brüsseler Machtapparates – auch die der nationalen Regierungen – mit den Interessen der Bürger überhaupt vereinbar? Oder müssen sich die Interessen beider Seiten – schließlich ist das Verhältnis zwischen Bürger und Staat nicht freiwilliger Natur – nicht sogar diametral gegenüberstehen?

Während die Politik zum Sprung nach vorne ansetzt, lässt sie immer mehr Bürger zurück. Und diese beginnen zu zweifeln, ob sie den von Brüssel aus bestimmten Weg mitgehen wollen. Das ist nicht zuletzt am unübersehbaren Auftrieb festzumachen, den EU-kritische Parteien inzwischen europaweit erfahren. Noch gelingt es den sogenannten Volksparteien und den Leitmedien, ganz vorne die zwangsfinanzierten öffentlich rechtlichen, die Bremser auf der Fahrt zum europäischen Einheitsstaat als vermeintliche Rechtspopulisten zu diskreditieren. Wer nicht Gefahr laufen will, als Nationalist oder Populist zu gelten, der muss den EU-Einheitsstaat befürworten oder aber schweigen. So entstehen Denkverbote. Die politische Elite ist sich darin einig: Der EU-Einheitsstaat muss und wird kommen. Dafür verwässern einst einigermaßen deutlich unterscheidbare, entweder konservativ oder sozialdemokratisch geprägte Politiker ihre Ziele und verbünden sich gegen die ihre Macht und ihre Ziele bedrohenden Kräfte. Die Parteien werden immer ununterscheidbarer. Warum diese Einigkeit? Sind die Argumente für die politische Zentralisierung wirklich so eindeutig?

Ganz und gar nicht. Die Skepsis der Bürger ist, wie dieses Buch herausstellen wird, durchaus angebracht. Vielen Menschen sagt ihr Bauchgefühl, dass gerade etwas in eine ganz falsche Richtung läuft. Sie wollen die einführenden Aussagen kritisch hinterfragen. Einzig fehlen ihnen die Sachargumente, um der Politik und deren Propagandamaschinerie Paroli bieten zu können. Diese Sachargumente wollen wir den Menschen mit diesem Buch an die Hand geben, damit es ihnen gelingt, den Befürwortern eines europäischen Einheitsstaates die nicht zuletzt durch die Eurokrise und den Brexit flau gewordene Brise vollends aus den Segeln zu nehmen. Denn trotz der gegenwärtigen Schwäche der Einheitsstaatler stehen wir am Scheideweg. Die Einheitsstaatler wollen ihren Weg unbeirrt weitermarschieren, wenn möglich noch schneller als zuvor. Wohin es geht, wird letztlich auch durch die Macht der Argumente entschieden. Wir hoffen, hier unseren bescheidenen Beitrag leisten zu können.

Wir werden darlegen, dass die Größe politischer Strukturen der entscheidende Faktor dafür ist, ob künftige oder bereits die heutigen Generationen in Wohlstand oder Armut, in Freiheit oder Knechtschaft, in Frieden oder Krieg leben werden.

EU-Befürworter wird es erschrecken und selbst EU-Gegner möglicherweise erstaunen, wenn unsere Analysen aufzeigen, dass es weder mit einem Stopp noch mit einer Umkehr des europäischen Integrationsprozesses getan ist. Denn konsequentes Weiterdenken kann erst bei kleinen und kleinsten politischen Einheiten sein logisches Ende finden. Folgen Sie bitte unvoreingenommen unserer unkonventionellen Blickrichtung und Sie werden nie wieder mit den gleichen Augen auf die EU und ihren Integrationskonsens blicken – versprochen. Es wird Ihnen vielleicht sogar sehr leichtfallen, denn unser Blickwinkel ist der des Individuums, ein allzu menschlicher also. Und eben der Mensch ist es, der in unserem Buch in den Mittelpunkt gerückt wird und den die Politik beim Streben nach immer größeren politischen Strukturen und nach immer mehr Macht schon lange aus dem Blick verloren hat.

Befreien Sie sich beim Lesen bitte von allen Denkblockaden: Landesgrenzen unterlagen historisch betrachtet schon immer Veränderungen, meist leider nur als Folge von Sieg oder Niederlage in Kriegen. Grenzen lassen sich aber auch auf friedlichem Wege neu ziehen. So löste sich die Union zwischen Schweden und Norwegen 1905 im gegenseitigen Einvernehmen. Ebenso trennte sich der Kanton Jura im Jahr 1979 vom Kanton Bern. Auch die Tschechoslowakei teilte sich 1992 friedlich. Selbst der totalitärste Staat, den die Welt je gesehen hat, die Sowjetunion, löste sich ohne Krieg in eine Vielzahl neuer Staaten auf. Sie meinen, das friedliche Entstehen neuer kleiner Staaten sei eine Utopie? Mitnichten. Letztlich hängt es nur an den Menschen selber. Um Kriege zu beenden, sagte John Lennon einmal: »War is over, if you want it.« Er war der Ansicht, dass, solange die Menschen die Vorstellung hätten, keine Macht zu haben, hätten sie keine Macht. In Abwandlung von Lennons Satz gilt daher: »Small states are possible, if you want it.«

KAPITEL 1

Warum der Brexit der Anfang vom Ende der EU sein könnte

Es ist sehr schwer für einen Nationalökonomen, ein guter Europäer zu sein und gleichzeitig den Ruf eines guten Europäers zu haben.

Wilhelm Röpke

Der Paukenschlag

Freitag, 24. Juni 2016. Als die Menschen in Europa beim Frühstück ihre Fernseher oder Smartphones einschalten, werden sie faustdick überrascht. Alles ist in heller Aufregung. Entgegen aller Prognosen hat die Mehrheit der Briten am Tag zuvor für den Austritt aus der Europäischen Union gestimmt. Seit dem Mord an der Labour-Abgeordneten und EU-Befürworterin Jo Cox am 16. Juni haben alle Umfragen auf einen Sieg des EU-Lagers hingedeutet. Nun haben sich die Briten anders entschieden. Die Finanzmärkte spielen verrückt. Die europäischen Börsen rauschen in den Keller. Die Aufregung wird sich jedoch bald als übertrieben herausstellen. Die Verluste an den Aktienmärkten sind schon in wenigen Wochen wieder wettgemacht.

Die Brexit-Entscheidung bedeutete zweifelsohne einen Einschnitt in der Geschichte der europäischen Integration nach dem Zweiten Weltkrieg. Die demokratische Wahl der Briten entsetzte die politischen Eliten wie auch die Mehrheit der medialen Meinungsbildner. Das Resultat kam einer Majestätsbeleidigung gleich. Sie stellte das Dogma einer »ever closer union«, einer immer strengeren Vereinheitlichung in Europa, in Frage. In der Tat wird das Endziel einer politischen Union in Europa praktisch von niemandem in der Polit- und Medienelite angezweifelt. Die »europäische Einigung« ist, zumindest wurde es bis zum 23. Juni 2016 so gesehen, eine Einbahnstraße, die hin zu einem europäischen Staat führt: die Vereinigten Staaten von Europa als – in Merkeldeutsch gesprochen – langfristig »alternativlos«.

Für alle, die sich selbst als »überzeugte Europäer« bezeichnen, gab es kurz darauf den nächsten Aufreger. Nigel Farage, einer der bekanntesten Brexit-Befürworter, legte am 4. Juli 2016 sein Amt als Parteichef der United Kingdom Independence Party (UKIP) nieder. Er habe das Ziel erreicht, für das er vor 23 Jahren UKIP mitbegründete, und wolle sein Privatleben zurück. Meinungsbildner und Prominente wie Christoph Waltz bemühten bald den Vergleich der Ratte, die das sinkende Schiff verlässt. Sie verkannten dabei, dass Farage als UKIP-Chef noch nicht einmal im britischen Parlament saß und keinerlei Chance hatte, Premierminister zu werden. Es waren ohnehin nur drei UKIP-Abgeordnete im Parlament vertreten. Die führende Rolle bei der Durchführung des Brexits kam eindeutig der größten Partei in Westminster zu, den Konservativen (243 Abgeordnete).

Vielleicht konnten Waltz und manche Politiker es einfach nicht ertragen, dass Farage sich so ganz anders als normale Politiker verhielt. Er klebte nicht an der Macht. Anders als viele Berufspolitiker, die ihr Fähnchen in den Wind halten, der Parteistrategie blind folgen und immer neue Aufgaben suchen, hat Farage Prinzipien und ist konsequent. Er hatte sein Ziel erreicht und konnte gehen.

Die Angst der Euromantiker

Die Antwort der Politikeliten auf den Brexit kam postwendend. Bundeskanzlerin Merkel verbat sich Rosinenpickerei: Ein Land könne sich nicht nur Vorteile sichern. Wer Zugang zum Binnenmarkt haben wolle, der müsse auch Verpflichtungen eingehen.

Das klang nach Barrieren. Während die EU zeitgleich über Freihandelsabkommen mit Kanada und den USA verhandelte, sollte den Briten als Strafe für die Brexit-Entscheidung der Zugang zum Binnenmarkt erschwert werden.

Dabei übersah Merkel – oder sie nahm es billigend in Kauf –, dass sie mit Handelsbarrieren wie Strafzöllen auch dem deutschen Volk schadet. Freihandel ist für *alle* Beteiligten von Vorteil, die miteinander tauschen und handeln wollen. Strafzölle würden die Importe aus dem Vereinigten Königreich für Konsumenten aus der EU verteuern. Warum wollte Merkel die Konsumenten in Deutschland und der EU bestrafen? Nur weil die Briten für den Brexit votierten?

Die Situation ähnelt dem eines Geschwisterpaares, bei dem sich die Schwester entschließt, aus dem Hause ihres Bruders auszuziehen, weil dieser ihr immer neue und erdrückende Vorschriften auferlegt. Die Schwester möchte aber den Kontakt zu ihm und zu den anderen Familienmitgliedern aufrechterhalten. Sie möchte sich genauso innig mit ihm und ihren Nichten und Neffen austauschen wie zuvor. Ihr gefallen nur die bürokratischen Vorschriften nicht. Der erzürnte Bruder giftet zurück, das sei Rosinenpicken. Wenn sie den Kontakt zu ihren Nichten und Neffen aufrechterhalten wolle, dann müsse sie sich schon reglementieren lassen und ihm einen Geldbetrag entrichten. Er verbietet seinen Kindern, mit ihrer Tante zu reden. Dass dieses infantile Verhalten zum Nachteil aller ist, liegt auf der Hand. Genauso würden Strafzölle und andere Barrieren für britische Waren die europäischen Konsumenten schädigen.

Die britische Seite machte von Anfang an deutlich, dass sie an Freihandel interessiert war. Nigel Farage, der aus seiner Abneigung gegen das Bürokratiemonster in Brüssel nie einen Hehl gemacht hatte, appellierte nach dem Brexit an die EU-Politiker: »Warum benehmen wir uns nicht wie Erwachsene, pragmatisch, vernünftig, realistisch? Lasst uns einen vernünftigen Freihandelsvertrag aushandeln und danach erkennen, dass das Vereinigte Königreich euer Freund sein wird, dass wir mit euch handeln, mit euch kooperieren, dass wir eure besten Freunde in der Welt sein werden.«

Die EU ist nicht Europa

War das britische Votum also doch kein Ausdruck antieuropäischer Tendenzen? Fragen wir einmal grundsätzlicher: Was macht Europa eigentlich aus? Was verhalf Europa und der westlichen Kultur zur Führungsposition in der Welt? Was unterscheidet Europa von anderen Kulturkreisen?

Folgende Einsicht drängt sich mit einem Blick auf die Geschichte geradezu auf: Der wichtigste Wert der europäischen Kultur ist die individuelle Freiheit. Nirgendwo sonst auf der Welt konnten Eigentums- und Freiheitsrechte so gut gedeihen. Durch diese Freiheit gelang im politisch fragmentierten Europa erstmalig die Überwindung der Massenarmut durch die industrielle Revolution. Aus dieser freiheitlichen Fragmentierung ergibt sich auch die charakteristische Vielfalt in Europa. Und von diesem Europa gingen musikalische, künstlerische, literarische und wissenschaftliche Innovationen aus, die die ganze Welt veränderten.

Der Soziologe Erich Weede beschreibt den Zusammenhang von Freiheit und europäischer Zersplitterung so: »Im Gegensatz vor allem zur chinesischen Geschichte gibt es in Europa seit Jahrhunderten ein System voneinander unabhängiger, gegeneinander zum Krieg fähiger und miteinander rivalisierender Fürstentümer, Königreiche oder Staaten. Die politische Zersplitterung Europas ist entscheidend für den *relativ* freiheitlichen Charakter Europas und dessen Aufstieg verantwortlich, während sich das politisch geeinte China langsamer entwickelte, obwohl es im Mittelalter noch wirtschaftlich und technologisch höher als Europa entwickelt war.«

Zu einem ähnlichen Schluss kam der Historiker Ralph Raico (1936–2016) in seinem Aufsatz *Das Europäische Wunder*: »Auch wenn geografische Faktoren eine Rolle spielten und obwohl Europa sich als eine einheitliche Zivilisation – die des römischen Christentums – konstituierte, stellt seine radikale Dezentralisierung den Schlüssel zur westlichen Entwicklung dar. Ganz im Gegenteil zu anderen Kulturen – insbesondere China, Indien und der islamischen Welt – war Europa ein System von geteilten und deswegen konkurrierenden Mächten und Rechtssystemen.«

Riesenreiche – wie sie in Asien entstanden und noch bestehen – führen dazu, dass sich politische Fehler häufen und nicht korrigiert werden. Dazu meinte der Philosoph Karl Popper (1902–1994): »Jede politische Machtanhäufung führt mit Notwendigkeit dazu, dass kleine Fehler zunächst unbemerkt bleiben ...« Aber es geht nicht nur darum, Fehler und Fehlentwicklungen schnellstmöglich einzudämmen. Generell sind in Kleinstaaten die Auswirkungen schlechter Politik schneller und unmittelbarer sichtbar. Aus moralischer Sicht wiegt viel schwerer, dass durch die hohe Machtkonzentration in Riesenreichen die individuelle Freiheit auf der Strecke bleibt. Und ohne Freiheit erlahmen technologischer, kultureller und wirtschaftlicher Fortschritt. Europas Aufstieg und Blüte ist damit untrennbar mit seiner politischen Dezentralisierung verbunden.

Uneuropäische EU

Es scheint, als arbeiteten die EU-Politiker mit der Zentralisierung von Macht in Brüssel und ihrem Dogma der »immer engeren Union« gerade auf das Ziel eines neuen Riesenreiches hin. Europa soll seiner Geschichte untreu und ein neues China werden. Die EU-Eliten halten diese Entwicklung hin zu einem europäischen Staat tatsächlich für »europäisch«. Kurioserweise glauben sie, gute Europäer zu sein, und betiteln all jene als Europaskeptiker, die sich der Zentralisierung von Macht kritisch entgegenstellen und die Idee eines Europas der Freiheit und Vielfalt verteidigen. Durchschauen Sie das Spiel, das hier gespielt wird? Die wahren Europaskeptiker, Europafeinde oder auch Europaverräter sind jene, die sich von der Idee eines politisch fragmentierten Europas der Vielfalt und Freiheit abwenden und sich dem asiatischen Entwurf zentralistischer Riesenreiche verschreiben. Die EU ist von ihrer aktuellen Ideologie her uneuropäisch.

Genauso sah es auch der Nationalökonom Wilhelm Röpke (1899–1966), ein Ideengeber der sozialen Marktwirtschaft, der darauf hinwies, *»dass es das Wesen Europas ausmacht, eine Einheit in der Vielfalt zu sein, weshalb dann alles Zentristische Verrat und Vergewaltigung Europas ist, auch im wirtschaftlichen Bereiche.«* Die mehr als 17 Millionen Briten, die für den Brexit stimmten, haben mehr für die wahre europäische Idee getan, als die EU-Politiker wahrhaben wollen. Diese Briten sind die echten Europäer. Sie wollen mehr Europa wagen. Sie votierten gegen eine EU, die durch ihre Zentralisierung, Harmonisierung und die Ausschaltung des politischen Wettbewerbs das Gegenteil von dem ist, was Europa ausmacht und großgemacht hat.

Der Brexit macht Hoffnung. Er ist *mehr* als Sand im Getriebe der Pläne der Eurokraten. Er schafft einen Präzedenzfall. Er zeigt: Die von den Politikern suggerierte Einbahnstraße hin zu den Vereinigten Staaten von Europa ist nicht mehr als ein Wunschtraum. Es geht auch anders. Zentralisierung und Vereinheitlichung sind nicht unumkehrbar.

Seit dem 23. Juni 2016 wissen wir: Wer mit dem geplanten Superstaat in Brüssel, mit all seinen Regulierungen, Gängelungen und seiner Gleichmacherei nicht einverstanden ist, dem bleibt die Exit-Option. Da nun alle wissen, dass es auch anders geht, können weitere Zentralisierungsversuche sanktioniert und gebremst werden. Sich dessen bewusst, warnte Angela Merkel direkt nach dem Brexit-Votum vor den beflügelten Fliehkräften in der EU. Diese Kräfte könnten auch die Bewegungen stärken, die sich für neue Staaten in Katalonien, Schottland oder Norditalien einsetzen.

Immer wenn Eurokraten in Verhandlungen auf mehr Staat, Steuerharmonisierung und mehr Macht für Brüssel pochen, können damit nicht konform gehende Staaten darauf hinweisen, dass sie ähnlich wie in Großbritannien ein Referendum über den Verbleib in der EU durchführen könnten. Die Abweichler brauchen noch nicht einmal offen mit einem Referendum zu drohen. Seit dem Brexit steht diese Möglichkeit im Raume. Das wirkt, das diszipliniert. Die Dynamik mag sich wenden: weg von der Zentralisierung, Vereinheitlichung, hin zu Freiheit und Wettbewerb vielfältiger, kleiner und zahlreicher politischer Einheiten. Kurz: Hin zu *mehr* Europa.

Warum der Brexit gut für Europa ist und welche Chancen sich durch ihn bieten, wollen wir im Folgenden genauer untersuchen. Im Mittelpunkt wird dabei die Frage stehen, warum kleine politische Einheiten den Großstaaten vorzuziehen sind.

KAPITEL 2

Warum große Staaten instabiler und kleine Staaten näher an den Menschen sind

Ist eine Gesellschaft erst einmal groß genug geworden, um die geselligen, wirtschaftlichen, politischen und kulturellen Bedürfnisse der Menschen voll zu befriedigen, das heißt, wenn sie ihnen Muße zum Denken gibt, Gaststätten zum Debattieren, Kirchen zum Beten, Universitäten zum Lehren, Theater zur Inspiration, Kunst, um sich daran zu freuen, dann kann ein weiteres Wachstum ihrem ursprünglichen Zweck nicht mehr von Nutzen sein.

Leopold Kohr

Die EU als »verbindende Geheimwaffe«

Am 10. Dezember 2012 wurde die Europäische Union in Oslo mit dem Friedensnobelpreis ausgezeichnet: für ihren Einsatz für Frieden, Versöhnung, Demokratie und Menschenrechte in Europa. Stellvertretend für den Staatenverbund nahmen die EU-Granden Jean-Claude Juncker, Herman Van Rompuy und Martin Schulz den Preis entgegen, den vor ihnen schon Herren wie Henry Kissinger, Jassir Arafat und Barack Obama bekommen hatten.

Van Rompuy, der zu dieser Zeit als EU-Ratspräsident amtierte, wusste in seiner Dankesrede die Auswirkungen der Eurokrise für die EU-Politik zu nutzen:

> *Wenn Wohlstand und Beschäftigung, das Fundament unserer Gesellschaft, bedroht erscheinen, ist es natürlich, dass sich die Herzen verengen, der Egoismus zunimmt und sogar längst vergessene Bruchlinien und Vorurteile wieder zutage treten. Einige zweifeln dann nicht nur an gemeinsamen Entscheidungen, sondern an der Tatsache, dass gemeinsam entschieden wird.*

Mit Blick auf die Geschichte Europas formulierte er:

> *Der Krieg ist so alt wie Europa. Unser Kontinent trägt die Narben von Speeren und Schwertern, Kanonen und Gewehren, Schützengräben und Panzern.*

Mit Verweis auf den Kniefall Willy Brandts in Warschau oder den Moment, als sich François Mitterrand und Helmut Kohl in Verdun die Hand reichten, sagte Van Rompuy, symbolische

Gesten alleine könnten den Frieden nicht festigen. Aber die Bürger in Europa können beruhigt sein, es wird keinen neuen Krieg geben, denn ...

> *Hier kommt die »Geheimwaffe« der Europäischen Union ins Spiel: Eine einzigartige Methode, unsere Interessen so eng miteinander zu verknüpfen, dass ein Krieg nahezu unmöglich wird. Durch ständige Verhandlungen zu immer mehr Themen zwischen immer mehr Ländern gemäß der goldenen Regel von Jean Monnet: »Mieux vaut se disputer autour d'une table que sur un champ de bataille.« (»Es ist besser, sich am Verhandlungstisch zu streiten als auf dem Schlachtfeld.«)*
>
> *Wenn ich es Alfred Nobel erklären müsste, würde ich sagen: Nicht nur ein Friedenskongress, sondern ein ständiger Friedenskongress!*
>
> *Ich gebe zu, dass einige Aspekte nicht nur für Außenstehende verwirrend sind.*
>
> *Minister aus Binnenländern diskutieren leidenschaftlich über Fischfangquoten. Europaabgeordnete aus Skandinavien debattieren über den Preis von Olivenöl.*
>
> *Die Europäische Union hat die Kunst des Kompromisses perfektioniert. Es geht nicht um Sieg oder Niederlage, sondern darum, dass alle Länder aus den Gesprächen als Sieger hervorgehen.*

Dass es ein großes Verdienst der EU sei, dass in Europa seit Jahrzehnten Frieden herrsche, ist eines von zwei Totschlagargumenten, die EU-Kritikern stets entgegengehalten werden. Das andere ist die Globalisierung. Eine Nation auf sich allein gestellt könne den auf sie in diesem Zusammenhang einströmenden Anforderungen niemals mehr gerecht werden. Da kann man sich eigentlich nur wundern, dass die Menschen in der Schweiz, in Liechtenstein oder San Marino noch nicht vollends verarmt und ihre Länder nicht von ständigen Kriegen verwüstet sind. Nebenbei sei hier angemerkt, dass der Kleinstaat San Marino keinerlei Schulden hat. Und Staaten wie die Schweiz oder Liechtenstein verhielten sich in beiden Weltkriegen völlig neutral.

Das Ganze von unten nach oben betrachtet

Untersuchen wir doch die »Geheimwaffe« der EU, von der Van Rompuy sich so begeistert zeigte und mittels derer sich die Interessen der EU-Bürger angeblich so eng miteinander verknüpfen lassen, etwas näher. Schauen wir, ob sie wirklich so genial oder vielleicht ein Scheinargument ist, um das Streben nach politischer Größe und Zentralisierung zu rechtfertigen.

Es ist natürlich richtig: Menschen haben die unterschiedlichsten Interessen. Während der eine seinen Urlaub gerne am Meer verbringt, fährt der andere am liebsten zum Wandern in die Berge. Herr A radelt grundsätzlich mit dem Fahrrad zur Arbeit, während es Herrn B das größte Vergnügen bereitet, mit dem Porsche ins Büro zu brausen. Auch der Modegeschmack einer Römerin dürfte tendenziell ein anderer sein als der einer Landwirtin in Niederbayern.

Über ihre Grundbedürfnisse hinaus unterscheiden sich die Interessen der Menschen umso stärker, je unterschiedlicher ihre Kulturen sind. Die Lebensphilosophie eines Beamten in

Sizilien wird nun einmal erheblich von der eines Kleinunternehmers in Baden-Württemberg abweichen.

Jedoch haben alle Menschen etwas gemeinsam, gleich wo sie leben, ob jung oder alt, reich oder arm: *Jeder Mensch handelt.* Das ist der wesentliche Aspekt dieses Buches. Damit gelangen wir an den Punkt, wo es sich grundlegend von den vielen anderen Büchern und Artikeln unterscheidet, die sich mit den Problemen in Europa oder der Eurokrise befassen. Wir werden in unserer Analyse die Probleme und die gegenwärtigen politischen Institutionen und Strukturen strikt aus der Blickrichtung des Individuums betrachten.

Politiker tun *dies* gerade nicht. Wenn sie aus ihren Elfenbeintürmen blicken, sehen sie nur Menschenmassen – oder genauer: Wählermassen. Sie betrachten die Gesellschaft als Ganzes, so als würde die Gesellschaft und nicht die Menschen handeln. »Europa« müsse reagieren, sich solidarisch zeigen, enger zusammenrücken, den USA oder China in weltpolitischer Bedeutung ebenbürtig werden. Auch die direkt oder indirekt staatlich finanzierten Ökonomen verfolgen mehrheitlich diesen »Top-down«-Ansatz und versuchen, die von ihnen beobachteten wirtschaftlichen Ereignisse und gesellschaftlichen Entwicklungen gesamtheitlich zu analysieren und zu deuten.

Wir werden stattdessen eine »Bottom-up«-Betrachtung vornehmen, also eine völlig gegensätzliche Perspektive als die heute übliche einnehmen. Wir werden von unten nach oben schauen und nicht von oben nach unten. Um die Wichtigkeit dieser Blickrichtung zu verstehen, ist ein klein wenig Theorie zur Funktionsweise des menschlichen Handelns unabdingbar. Zunächst mag es sehr banal klingen, aber: *Der Mensch handelt!* Die Bedeutung dieser drei Wörter wird von den einen unterschätzt, von den anderen gefürchtet. Gerade für die Politik bergen sie eine nicht zu unterschätzende Brisanz. Denn hinter dem menschlichen Handeln steckt eine Logik, die sich nicht widerlegen lässt. Es lässt sich schließlich nicht abstreiten, dass der Mensch handelt. Wer das behaupten wollte, der müsste dagegen argumentieren. Er würde also selbst *handeln* und würde sich damit sofort in einen Widerspruch verwickeln.

Für das Handeln aller Menschen gilt *immer* und *überall* die gleiche Bedingung: Ausnahmslos *jeder* Mensch strebt durch sein Handeln eine Verbesserung seiner Situation oder seines Wohlbefindens an; jedes Handeln erfolgt aus einem Zustand des Unbefriedigtseins heraus. Zumindest will ein Mensch durch sein Handeln erreichen, dass er sich nicht schlechter stellt, als es der Fall gewesen wäre, hätte er *nicht* gehandelt. Wenn Sie Ihr eigenes Handeln reflektieren, werden Sie diese Aussage sicher bestätigen. Menschliches Handeln ist immer subjektiv. Was der eine tut, um sich hernach wohler zu fühlen, muss für den anderen noch lange nicht erstrebenswert sein. Sein *eigenes* Wohlbefinden zu steigern kann auch bedeuten, so zu handeln, damit sich die Situation *anderer verbessert;* für Freunde und Familie da zu sein, sich ehrenamtlich zu engagieren oder bei einer Erdbebenkatastrophe zu spenden, sind Beispiele hierfür.

Hinzu kommt, dass jeder Mensch Mittel einsetzt, um seine Ziele zu erreichen. Und weil diese Mittel und unser aller Zeit auf Erden begrenzt sind, muss jeder für sich eine Wertung seiner Ziele vornehmen. Jeder Mensch muss entscheiden, welche Ziele er priorisiert und welche Wünsche er zunächst einmal hintanstellt.

Das Handeln eines *jeden* Menschen ist also geleitet von seinen Zielen und Wünschen, von den Mitteln, über die er verfügen kann, sowie der vorhandenen Zeit. Dabei ist dem Einzelnen seine beschränkte, aber einzigartige Menge an subjektivem Wissen und privaten Informationen eine große Hilfe. Die Summe dieses *dezentral* auf die Menschen verteilten Wissens ist enorm, und keine Behörde, auch nicht die mittels unzähliger Statistiken bestinformierte Zentralregierung, nicht in Brüssel und nicht in Berlin, kann über dieses Wissen verfügen oder in seinen Besitz gelangen. Regierungen und Politiker maßen sich jedoch stets an zu wissen, was das Beste für Deutschland oder die EU ist – bei Einwanderungspolitik, Eurorettung, Rentenreform oder Infrastrukturprojekten. Sie sind streng betrachtet aber nur *Besserwisser.*

Wer sollte auch Ihre Vorlieben und Wünsche besser als Sie selbst kennen? Wer wüsste besser als Sie über die Ihnen zur Verfügung stehenden Mittel und Ihre persönlichen Umstände Bescheid? Wann Sie den nächsten Autokauf planen? Wie Ihre Familienplanung aussieht? Ob Sie vorhaben, eine Immobilie zu erwerben, oder lieber zur Miete wohnen? Wie Sie nach Feierabend am angenehmsten nach Hause kommen, wo Sie auf Ihrem Weg am günstigsten Ihr Lieblingsabendessen einkaufen können und mit welcher Begrüßung Sie Ihre Liebste oder Ihren Liebsten bei Ihrer Rückkehr zum Lachen bringen? Weder eine Bundeskanzlerin Merkel noch ein EU-Kommissionspräsident Juncker kann all das und noch viel mehr nicht wissen. Die kennen Sie ja noch nicht einmal. Und trotzdem maßen sie sich an, in wichtigen Bereichen Ihr Leben für Sie zu planen, und verweisen dabei auf ihre Experten. Sie versperren Ihnen Handlungsoptionen durch Verbote und Regulierungen, drängen Sie in Lebensentwürfe durch Subventionen und staatliche Angebote, wofür sie einen großen Teil des Geldes einsetzen, das sie Ihnen zuvor über Steuern und Abgaben abgenommen haben.

Soziale Einheiten

Das Individuum ist naturgemäß die kleinste Einheit, die man betrachten kann. Einen Schritt weiter, über das Individuum hinaus, finden wir als nächstgrößere soziale, auch wirtschaftliche Einheit die Familie. Hier handelt es sich immer noch um eine recht überschaubare Größe, man weiß – meist jedenfalls – über die gegenseitigen Interessen und Ziele recht gut Bescheid. Und auch über die Mittel, die zu deren Erreichung zur Verfügung stehen, dürfte größtenteils Klarheit herrschen.

Über die Familie hinaus wird es dann schon schwieriger, oder kennen Sie vielleicht die Wünsche Ihrer Nachbarin oder Ihres Nachbarn? Möglicherweise wechselt man ab und zu ein paar Worte, wenn man sich zufällig begegnet, vielleicht ist man sogar befreundet. Das heißt aber noch lange nicht, dass man seine komplette Lebensplanung, seine Ziele und Wünsche oder seinen Kontostand offenlegt. Da muss man dann schon sehr gut befreundet sein.

Die nächste zu betrachtende Einheit ist die Gemeinde oder Stadt, in der der Einzelne lebt. Sicher gibt es noch kleine Orte, wo fast jeder jeden kennt. Aber sich *kennen* heißt nicht, alles von anderen *wissen*. Das ist auch nicht nötig, denn damit Menschen ihre Ziele und Wünsche erfüllen können, gibt es *Märkte*. Hier treffen Menschen aufeinander, um ihre Interessen kooperativ und freiwillig so gut es geht zu verwirklichen. *Markt* muss hier natürlich verstanden werden als jeglicher Ort – auch in digitaler Form – und jegliche Art und Weise, wo und wie Ziele von Individuen aufeinandertreffen. Das reicht vom einfachen Einkaufen beim Bäcker bis hin zur globalen, hochspezialisierten Arbeitsteilung bei der Produktion von technologischen Geräten.

Menschen gehen solche Handelsbeziehungen – im Gegensatz zu ihrer Beziehung zum Staat – freiwillig ein, weil sie sich davon das Erreichen ihrer Ziele versprechen. Zwei Vertrags- oder Tauschpartner schätzen das Gut, das ihr jeweiliges Gegenüber anzubieten hat, höher ein als das Gut, das sie selbst abzugeben bereit sind. Kommt der Tausch oder das Geschäft zustande, verlassen *beide* als Gewinner den Markt. Hier begegnet sie uns wieder, die allgemeinste Bedingung für menschliches Handeln, nämlich das Ziel, sich durch Handeln besserzustellen. Und je freier und unbehinderter Märkte sind und je mehr mögliche Geschäftspartner zur Verfügung stehen, umso besser für alle Beteiligten.

Spontane Marktwirtschaft ohne EU

Institutionen wie die EU, aber auch nationale Regierungen, geben vor, sie alleine wären in der Lage, die Voraussetzungen für *Märkte* zu schaffen, und ohne ihre Hilfe würden die Menschen in die Barbarei zurückfallen. Die Osloer Dankesrede von Van Rompuy zeugt von einem solchen Denken. Dabei sind Märkte schon vor Urzeiten spontan entstanden. Sie gab es lange bevor sich staatliche Organisationen bildeten, wie wir sie heute kennen.

In seinem Buch *Die verhängnisvolle Anmaßung. Die Irrtümer des Sozialismus* schreibt der Ökonom und Wirtschaftsnobelpreisträger Friedrich August von Hayek (1899–1992) in dem Kapitel »Der Handel ist älter als der Staat«:

> *Je mehr Wirtschaftsgeschichte man lernt, desto irreführender erscheint einem die Vorstellung, die Schaffung eines durchorganisierten Staates hätte den Höhepunkt der frühen Entwicklung der Kultur bedeutet. Die Rolle des Staates wird in historischen Darstellungen weit übertrieben, weil wir natürlich so viel mehr darüber*

> *wissen, was organisierte Staatstätigkeit bewirkt, als was durch die spontane Koordination individueller Anstrengungen erreicht wurde.*

Märkte gibt es schon seit Menschengedenken. Die Agora im antiken Athen wurde zum Inbegriff eines Marktplatzes und bildete den Gegensatz zum politischen Machtzentrum der Akropolis. Auch der Seehandel im Mittelmeer war schon in der Antike mit einem hohen Warenaustausch sehr ausgeprägt, ohne dass ein Staat ihn organisiert oder ermöglicht hätte. Der Einflussbereich der Hanse im Mittelalter und der Frühen Neuzeit ist ein weiteres Beispiel eines spontan entstandenen Händlernetzes. Zumal es Staaten im heutigen Sinne eines territorialen Gewaltmonopols zur Zeit der Antike und der Hanse noch gar nicht gab. So kamen bei der Hanse nicht irgendwelche staatlichen Gesetze, sondern niederdeutsche Rechts*gewohnheiten* zur Anwendung.

Noch heute lässt sich auf Grundschulpausenhöfen oder Spielplätzen beobachten, wie Märkte entstehen, wenn Kinder beginnen, Sammelbilder zu tauschen, beispielsweise vor einer Weltmeisterschaft Panini-Bilder von Fußballspielern. Ähnliches lässt sich im Internet verfolgen, wenn Bitcoin-Tauschbörsen wachsen. Es liegt einfach in der Natur des Menschen zu versuchen, sich durch Tausch besserzustellen. So entstehen spontan Märkte. *Ohne* Politiker und Bürokraten.

Es sind also nicht Regierungen, die Märkte schaffen. Vielleicht schaffen sie einmal Zollbeschränkungen oder Preiskontrollen ab und rühmen sich dann solch genialer Leistungen. Dabei heben sie nur Handelshemmnisse auf, die sie selbst irgendwann zuvor den Menschen auferlegt haben. Streng betrachtet stellen sie nur den Normalzustand her, dass nämlich jeder mit jedem handeln und Tauschgeschäfte eingehen kann. Wenn in der

Presse Meldungen zu lesen sind wie beispielsweise im Sommer 2016, dass der Handel mit Südkorea aufgrund eines fünf Jahre zuvor ausgehandelten Freihandelsabkommens deutlich gesteigert werden konnte, klopfen sich die Bürokraten dafür gegenseitig auf die Schultern und beglückwünschen sich.

Sogenannte Freihandelsabkommen wie TTIP (Transatlantic Trade and Investment Partnership) zwischen den Vereinigten Staaten von Amerika und Europa oder CETA (Comprehensive Economic and Trade Agreement), ein Wirtschafts- und Handelsabkommen zwischen Kanada und Europa, werden von der Politik als wichtige Durchbrüche bezeichnet. Warum aber gibt es um diese Abkommen, die von Staatsvertretern und Industrielobbyisten ausgehandelt werden, eine solche Geheimniskrämerei? Geht es vielleicht gar nicht um wirklichen Freihandel, sondern darum, dass bestimmte Interessengruppen ihre Marktstellung behalten und stärken können? Wenn Regierungen echten Freihandel wollten, dann bräuchten sie *nichts* zu tun, lediglich ihre Bürger und Unternehmen von bestehenden Einschränkungen befreien, die sie daran hindern, freiwillig miteinander Verträge abschließen zu können, zu jeder Zeit und ohne Rücksicht auf irgendwelche Grenzen.

Interventionen, Zentralismus und Stabilität

Es gibt noch weitere gewichtige Gründe, warum Märkte sich nicht auf einem politischen Reißbrett planen und vor allen Dingen nicht steuern lassen. In seinem Buch *Antifragilität* unterscheidet der Statistikforscher und Erkenntnistheoretiker Nassim Nicholas Taleb zwischen komplizierten und komplexen Systemen. Wie ein Laserroboter hergestellt ist und wie er funktioniert, ist kompliziert. Aber in einem komplizierten System existieren keine unerwarteten und unkalkulierbaren Wechselwirkungen, vorausgesetzt natürlich, alles ist fehlerfrei konstruiert und zusammengebaut. Drückt man einen Knopf, erfolgt die gewünschte Reaktion.

Gesellschaften und Volkswirtschaften sind letztlich auch von Menschen geformt, aber ihre Ordnungen sind spontan entstanden und sie sind nicht kompliziert, sondern *komplex*. Und in komplexen Systemen gibt es nicht kalkulierbare und starke Wechselwirkungen. Je größer gesellschaftliche Einheiten sind, umso komplexer sind sie, umso mehr Wissen ist vorhanden und umso dezentraler ist dieses Wissen verstreut. Der entscheidende Unterschied zwischen komplizierten und komplexen Systemen ist die Auswirkung, wenn man einen Knopf drückt. In einem komplizierten System ist das Ergebnis bekannt, in einem komplexen nicht. Dort ist Wissen dezentral verteilt und lässt sich auch nicht zentralisieren. Je stärker Wissen dezentralisiert ist, desto unmöglicher wird eine zentrale Steuerung.

So kam Taleb bereits im Oktober 2012 in einem Interview mit dem Magazin *Foreign Policy* nicht nur zum Schluss, dass »die Europäische Union ein schreckliches, dummes Projekt ist«, sondern auch, dass »das stabilste Land in der Geschichte der Menschheit, vielleicht auch das langweiligste, die Schweiz ist«.

Klein ist effizient und stabil

Taleb argumentiert außerdem, dass »wir kleinere, dezentralisierte Regierungen benötigen. Auf dem Papier mag es aufgrund der Erzielung von Skaleneffekten effizienter erscheinen, wenn man groß ist, aber in der Realität ist es effizienter, wenn man klein ist. ... Ein Elefant kann sich sehr schnell ein Bein brechen, während man eine Maus aus dem Fenster werfen kann, ohne dass sie Schaden nimmt, Größe macht zerbrechlich«, so Taleb weiter.

Ist die Schweiz die Maus, dann sind die EU, aber auch Frankreich, Großbritannien, Spanien, Italien oder Deutschland die Elefanten. Wenn politische Einheiten tendenziell größer werden, nimmt auch ihre Komplexität zu. Umso störender wirken sich politische Eingriffe und Interventionen aus, die wegen ihrer Wechselwirkungen jedoch nicht als Störungsursache erkannt werden. Aber die Wechselwirkungen werden als Störungen wahrgenommen und dienen der Legitimierung weiterer Eingriffe und Interventionen seitens der Politik. Bei schwachem Wirtschaftswachstum oder Rezessionen nennt man diese reflexartigen Eingriffe Stabilisierungs- oder Konjunkturpolitik. Das klingt gut und lässt die Bürger annehmen, die Politik hätte eine Theorie und einen Plan.

Je größer und regulierter Systeme sind und je stärker sie auf Stabilität ausgerichtet werden, umso träger und fragiler werden sie. Gerade in den vergangenen Jahren war regelrecht lehrbuchhaft zu beobachten, wie mittels künstlich geschaffener Stabilität komplexe Systeme ihrer Variabilität beraubt wurden. Das zeigt sich aber leider erst in dem Moment, in dem etwas Unvorhergesehenes passiert und Systeme dadurch in die Krise geraten. Dann verfällt die Politik in den Krisenmodus. Politiker treten vor Mikrofone und beginnen ihre Statements mit »Wir müssen ...«. Das ist die Zeit der *Besserwisser.* Es folgen Maßnahmen, deren Wechselwirkungsweise – wie wir festgestellt haben – in einem komplexen System niemand abschätzen kann. Ein Teufelskreis.

Am Beispiel der Schweiz, die Taleb »in ökonomischer Hinsicht als den robustesten Ort auf dem Planeten« bezeichnet, kommt er zum Schluss, dass es das »von unten nach oben« strukturierte Herrschaftssystem ist, verbunden mit der Größe des Landes, das ein hohes Maß an Variabilität ermöglicht und dadurch Antifragilität und Robustheit entstehen lässt.

So verwundert es nicht, dass die Bundesverfassung der Schweizerischen Eidgenossenschaft weder ein Staatsoberhaupt noch einen Regierungschef im klassischen Sinne kennt und sich die Aufgaben des Bundespräsidenten auf den Vorsitz des Bundesrates und das Repräsentieren beschränkt. Wer wüsste die Namen der wichtigsten Schweizer Politiker zu nennen? Selbst für die Schweizer ist es nicht besonders wichtig zu wissen, wer ihr aktueller Bundespräsident ist, da er sich wenig in ihr Leben einmischt. Ganz im Gegensatz zu den Mächtigen in der EU oder anderer Nationen. Die mischen sich gewaltig ein, und darum kennt man sie auch. Nur allzu gerne präsentieren sie sich auf globaler Bühne und jetten von Gipfeltreffen zu Gipfeltreffen, um scheinbar notwendige Eingriffe zu beschließen, die Probleme lösen sollen, die sie selbst verursacht haben. Dann doch lieber langweilig und stabil als instabil und nicht enden wollende Berichterstattungen über Politveranstaltungen.

Auch der Ökonom und Staatswissenschaftler Leopold Kohr (1909–1994), Träger des Alternativen Nobelpreises (offiziell *Right Livelihood Award*), war kein Freund großer künstlicher Gebilde und hat sich intensiv mit der optimalen Größe von Nationen beschäftigt. Stets ein erklärter Gegner der Europäischen Union, sagte er bereits im Jahr 1993, also schon lange Zeit vor Einführung des Euro, in einem Gespräch mit einem Magazin:

Stabilität wäre kein Problem, wenn das europäische Fahrrad so viele Räder hätte, dass es von selbst im Gleichgewicht wäre. Es müsste nicht von Brüssel aus gelenkt werden.

Einen Fahrrad-Vergleich, der in eine ganz andere Richtung geht, lieferte einmal der frühere EU-Kommissionspräsident Jacques Delors: »Europa ist wie ein Fahrrad. Hält man es an, fällt es um.« Was er uns damit wohl sagen wollte: Zur immer weiteren Zentralisierung der Macht in Brüssel gibt es keine Alternative.

Bei der Suche nach der optimalen Staatsgröße zog Kohr stets die Parallele zur Natur, wo Organismen bei Erreichen einer optimalen Größe ihr Wachstum beenden. Er kam zu dem Schluss, »es wäre viel leichter, wenn sich die moderne europäische Geschichte den Gesetzen der Physik fügen würde«. Kohr gab Qualität gegenüber Quantität den Vorzug und so sollte sich niemand wundern, dass auch er – wie Taleb – ein großer Fan der Schweiz war.

In der Schweiz herrscht Dezentralität, nicht Zentralismus, und die Variabilität des Dezentralen schafft in Summe schließlich die Stabilität. Die Erkenntnisse einer »Bottom-up«-Sichtweise sind in der Schweiz beinahe musterhaft umgesetzt: Die Bundesregierung ist schwach und die Basis – die Kantone und innerhalb der Kantone die Gemeinden – ist stark.

Bei logischem Nachdenken kann man zu keinem anderen Schluss kommen als: *Small is beautiful.* Genau das war eine Haupterkenntnis Leopold Kohrs. Mehr noch: Mit Blick auf die Schweiz gelangte er zu einer Einschätzung, die bei Zentralisierungspolitikern, also den allermeisten Politikern, zu Schnappatmung führen dürfte:

> *Die gleiche Idee könnte auch im übrigen Europa funktionieren. Nichts wäre leichter, als Europa in kleine Regionen zu unterteilen.*

Die Gegebenheiten dafür sind für Kohr sogar bereits vorhanden:

> *Anders als bei dem Versuch, ein einheitliches Gebäude zu errichten, gäbe es dagegen kaum natürlichen Widerstand, da kleine Regionen bereits existieren. Im heutigen Europa finden wir nicht Deutschland, sondern Bayern und Sachsen; nicht Großbritannien, sondern Schottland und Irland; nicht Spanien, sondern Katalonien und das Baskenland; nicht Italien, sondern die Lombardei und Sizilien. Diese Regionen sind durch ihre Fusion zu einem modernen Nationalstaat nicht verschwunden. Sie bewahren den Reiz ihrer eigenständigen Dialekte, Gebräuche und Literatur.*

Besonders Deutschland hat sich noch viel von seinen regionalen Eigenarten und ihrem Charme bewahrt. Diese Unterschiede machen gerade seine Stärke und Schönheit aus: das Allgäu, der Harz, das Rheinland, das Siegerland, das Emsland, Ostfriesland, Franken, das Münsterland, der Schwarzwald, das Mecklenburger Seenland, das Eichsfeld, Vorpommern, die Uckermark, Anhalt, die Oberlausitz und so viele Landschaften mehr besitzen ihre unverkennbaren Eigenarten und einzigartigen Reize.

Brauchen diese Regionen die Politmaschinerie Brüssel (oder Berlin), um kulturell und wirtschaftlich erfolgreich zu sein? Sind die EU-Zentralisierungsbestrebungen nicht eine Gefahr für die regionalen Eigenarten und bewirken ihr langsames Absterben? Könnten die Regionen gar besser alleine bestehen? Wir wollen in diesem Buch zeigen: Ja, sie können es auch alleine schaffen. Und zwar besser. Viel besser.

Befürworter kleiner politischer Einheiten, gleich ob in Katalonien oder in Schottland, werden von Zentralstaatspolitikern meist abfällig »Separatisten« genannt. Wer im Internet »Separatist« als Suchbegriff eingibt und sich die Ergebnisse in Bildern anzeigen lässt, wird auf schwerbewaffnete Soldaten in Kampfanzügen stoßen. Er findet keine Bilder friedlich miteinander feiernder und *Sardana* tanzender Katalanen, übrigens auch keine Bilder aus Bayern, dessen Einwohner sich 2011 in einer Umfrage der Hanns-Seidel-Stiftung mit einem knappen Viertel für einen autonomen bayerischen Staat aussprachen.

Was aber lässt sich Schlimmes daran entdecken, wenn eine Bevölkerungsgruppe mit friedlichen Mitteln nach Eigenständigkeit strebt? Bereits im Jahre 1927 schrieb der Ökonom Ludwig von Mises (1881–1973) in seinem Werk *Liberalismus*, wie wichtig es sei, dass die Menschen ein Selbstbestimmungsrecht haben:

> *Das Selbstbestimmungsrecht in Bezug auf die Frage der Zugehörigkeit zum Staate bedeutet also: Wenn die Bewohner eines Gebietes, sei es eines einzelnen Dorfes, eines Landstriches oder einer Reihe von zusammenhängenden Landstrichen, durch unbeeinflusst vorgenommene Abstimmungen zu erkennen gegeben haben, dass sie nicht in dem Verband jenes Staates zu bleiben wünschen, dem sie augenblicklich angehören, sondern einen selbständigen Staat bilden wollen oder einem anderen Staate zuzugehören wünschen, so ist diesem Wunsche Rechnung zu tragen. Nur dies allein kann Bürgerkriege, Revolutionen und Kriege zwischen den Staaten wirksam verhindern. […]*
>
> *Das Selbstbestimmungsrecht, von dem wir sprechen, ist jedoch nicht Selbstbestimmungsrecht der Nationen, sondern Selbstbestimmungsrecht der Bewohner eines jeden Gebietes, das groß genug ist, einen selbstständigen Verwaltungsbezirk zu bilden.*

> *Wenn es irgend möglich wäre, jedem einzelnen Menschen dieses Selbstbestimmungsrecht einzuräumen, so müsste es geschehen.*

Über die weltweit einzige Verfassung, die ein Sezessionsrecht einzelner Gemeinden vorsieht, verfügt das Fürstentum Liechtenstein. Für eine Abspaltung genügt es, wenn diese von der Mehrheit der Gemeindemitglieder beschlossen wird.

Doch Liechtenstein ist eine Ausnahme. Die ansonsten von der Politik propagandamäßig transportierte politische Standardbotschaft lautet: *Groß ist gut und klein ist schlecht und in einer globalisierten Welt zu schwach. Zum immer weiteren Zusammenwachsen zu größeren politischen Einheiten – bis letztlich hin zum Weltstaat – gibt es keine Alternative. Und das ist gut so.*

Das ist das Bild, das gezeichnet wird, und wer sich aus einem Verbund wie der EU lösen möchte, der handelt *un*europäisch und ist altmodisch. Da können die Assoziationen, die bei Begriffen wie Separatismus oder Sezession entstehen, gar nicht negativ genug sein.

Die »Geheimwaffe« der EU ist also nicht mehr als ein Scheinargument: Ihre Munition sind nicht Kompromisse, sondern Propaganda, und das oberste Ziel ist ganz sicher *nicht* die Verknüpfung der Interessen der Menschen, sondern Machtstreben, Ausschaltung von Wettbewerb und Gleichmacherei.

Wollte man den Menschen dienen, bräuchte man sie nur in Ruhe und zu ihrem gegenseitigen Nutzen miteinander *handeln* zu lassen. Dann wäre ihren Interessen gedient, ganz *ohne* Geheimwaffe. Nur die Menschen selbst kennen ihre Ziele und die ihnen zur Verfügung stehenden Mittel.

KAPITEL 3

Wie in großen Staaten die Bürokratie wuchert

Es liegt in der Natur des Systems staatlicher Wirtschaftskontrolle, nach äußerster Zentralisation zu streben.

Ludwig von Mises

Verschwendung in großen Einheiten

Im vorigen Kapitel haben wir dargelegt, dass Größe fragil macht und wie im Gegensatz *Dezentralität* Stabilität schafft. Aber Dezentralität hat noch weitere positive Auswirkungen. Beispielsweise ermöglicht sie einen engen Kontakt zu den Bürgern, der in Verwaltungsstrukturen ab einer bestimmten Größe vollständig verloren geht. Große Strukturen schaffen lediglich die Illusion, dass Entscheidungen gewissenhaft und rational gefällt würden. Doch glänzende Fassaden mit wehenden Fahnen täuschen Professionalität nur vor. Die Realität sieht regelmäßig anders aus.

Jede staatliche Bürokratie zeichnet sich durch zwei Eigenschaften aus: Sie betreut das Geld fremder Leute und wird tendenziell weniger verantwortlich damit umgehen, als wäre es das eigene. Außerdem handelt ein Bürokrat nicht unter wettbewerblichen Bedingungen, denn es gibt keinen Markt für staatliche Leistungen. Stellen beide Punkte an sich schon ein großes Problem dar, nimmt es mit zunehmender Größe einer Verwaltungseinheit weiter zu.

Je weiter sich ein Bürokrat vom Bürger entfernt, umso schwieriger wird es, ihn bei Verschwendung zur Verantwortung zu ziehen. Selbst ein schlechtes Gewissen wird sich bei ihm weniger einstellen, je weniger er dem Steuerzahler in die Augen schauen und zugeben muss, dessen Geld verschleudert zu haben.

Ein Beispiel gefällig? Gerne, so im *Handelsblatt online* am 23.9.2016 zu lesen:

> *Zwischen riesigen Kränen wächst Unkraut. Ein Schiffswrack verrostet auf dem Containerdock. Weit und breit sind keine Menschen, keine Fahrzeuge und vor allem keine Schiffe zu sehen. So sieht es in Seehäfen aus, die mit dem Geld der europäischen Steuerzahler gebaut wurden. Insgesamt 42 Häfen in fünf Ländern – Deutschland, Italien, Polen, Spanien und Schweden – hat der Europäische Rechnungshof überprüft. Das niederschmetternde Ergebnis: Die EU-Kommission fördert mit Steuergeldern Häfen, die niemand braucht. Insgesamt rund 400 Millionen Euro aus den EU-Strukturfonds habe die Brüsseler Behörde »ineffizient ausgegeben«. Das sei ein Drittel der insgesamt für diese 42 Häfen bewilligten Förderung in Höhe von 1,4 Milliarden Euro, heißt es in einem Bericht zum »Maritimen Transport in der EU«, den der EU-Rechnungshof am heutigen*

Freitag vorlegt. Auf das Problem weist der Rechnungshof schon zum zweiten Mal hin. Vor sechs Jahren hatten die Luxemburger Prüfer die unsinnige Subventionierung von fünf Seehäfen in einem ersten Bericht moniert. Bewirkt hatten sie damit nichts.

In der Tat wächst das Verschwendungspotenzial *über*proportional mit der sozialen Größe. Der Einzelne kontrolliert seine Ausgaben selber. Er muss verantwortlich mit seinen Ressourcen umgehen, sonst fällt er auf die Nase. Auch in der Familie können Ausgaben recht gut kontrolliert und rationale Entscheidungen gefällt werden. *Sollen wir den Gartenweg neu pflastern oder lieber ein neues Sofa fürs Wohnzimmer kaufen?* Die verfügbaren Mittel, die Kosten, der Nutzen und die Präferenzen der Betroffenen sind in der Familie sehr überschaubar. Das ermöglicht eine verantwortungsvolle Entscheidung. Auch auf Ebene einer Hauseigentümergemeinschaft funktioniert diese Entscheidungsfindung noch.

Schwieriger wird es bereits auf Ebene eines Dorfes oder einer Stadt. Soll eine Landstraße ausgebessert oder lieber das Freibad saniert werden? Der Bürgermeister steht, selbst wenn er die besten Absichten hat, vor einem Informationsproblem. Was sind die Wünsche und Präferenzen der Bürger? Was würden sie mit dem Steuergeld machen, hätte man es ihnen nicht abgenommen? Würden sie sich eher für das sanierte Freibad oder die huckelfreie Straße entscheiden? Oder doch für etwas ganz anderes?

Gelingt eine einigermaßen zufriedenstellende Entscheidung im Dorf vielleicht noch, wächst das Informationsproblem auf nationaler Ebene ins Unermessliche. Auf EU-Ebene schließlich ist die Idee einer rationalen Entscheidung geradezu grotesk. In welche Projekte sollen die EU-Subventionen sinnvollerweise fließen? Wo ist das Geld am besten investiert? Es gibt unzählige Möglichkeiten. Der Kreativität sind ja keine Grenzen gesetzt. Was sind die Präferenzen der EU-Bürger? Was hätten sie mit dem Geld gemacht, wäre es ihnen nicht wegbesteuert worden? Diese Informationen kann die EU-Kommission, oder wer auch immer die Entscheidung letztlich fällt, gar nicht besitzen. Am Ende fließt das Geld, wie *Die Welt* im Februar 2013 berichtete, in unsinnige Projekte wie eine 240 Meter lange Skipiste in Dänemark oder, wie eben gesehen, in Häfen, die von keinen Schiffen angesteuert werden.

Eine Sache ist es, ohne die nötigen Informationen blind zu handeln. Eine andere Sache ist es, sich auch noch dessen zu brüsten und eine große Entfernung von den betroffenen Menschen als »Geheimwaffe« zu betrachten. Wir erinnern uns. Herman Van Rompuy schwärmte: »Minister aus Binnenländern diskutieren leidenschaftlich über Fischfangquoten. Europaabgeordnete aus Skandinavien debattieren über den Preis von Olivenöl.« Ohne Worte.

Mithin läuft auch das Argument ins Leere, es brauche riesige politische Einheiten wie die Nationalstaaten, die EU oder gar eine Weltregierung, um mit den Herausforderungen einer globalisierten und immer komplexeren Welt fertigzuwerden. In der Tat ist die Welt komplexer geworden und mit ihr ist das Informationsproblem, vor dem Politiker und Bürokraten stehen, noch überwältigender. Die Globalisierung macht eine zentrale Planung und große politische Einheiten wie die EU aber nicht wünschenswerter oder notwendiger. Ganz im Gegenteil: Die wachsende Komplexität vergrößert das Wissensproblem immens, vor das zentrale Entscheider gestellt sind. Der logische Schluss: Die Herausforderungen der Globalisierung machen *kleinere*, nicht noch größere politische Einheiten notwendig.

Kontrolle und Verantwortung

Die Entfernung der Entscheider von den Menschen, die durch die Entscheidungen betroffen sind, erschwert zudem eine wirksame Kontrolle. Verschwendet der Einzelne sein Geld, muss er selbst mit den Folgen leben. Stellt die Familie fest, man hätte lieber doch das Sofa gekauft, anstatt den Weg zu pflastern, dann kann sie sich nur über sich selbst ärgern. Der Bürgermeister, der die Straße ausbessern lässt, obwohl die Mehrheit der Bürger sich lieber an einem sanierten Freibad erfreut hätte, wird wahrscheinlich bei den nächsten Gemeindewahlen abgestraft. Die Bürger wissen, an wen sie sich bei Verschwendung wenden müssen. Sie kennen den Verantwortlichen, in kleineren Orten oft sogar persönlich.

Wer würde sich aber in den Zug setzen, um in Brüssel einen EU-Bürokraten wegen Verschwendung oder einer Fehlinvestition zur Rede zu stellen? Welchen Bürokraten überhaupt? Es gibt ja so viele. Und wo genau hat der sein Zimmer in dem abgeschotteten EU-Komplex? Die Verantwortlichen sind nicht greifbar. Und weil es sich recht auskömmlich leben lässt in Brüssel – alleine 4.365 EU-Beamte verdienen mehr als die deutsche Kanzlerin –, schwärzt man sich gegenseitig auch nicht an, nach dem Motto: »Eine Krähe hackt der anderen kein Auge aus«.

Damit wird auf EU-Ebene die Kontrolle geradezu unmöglich. Die EU-Bürger kennen ja noch nicht einmal die verschiedenen Alternativen. Die meisten werden weder von dem sizilianischen Hafen in Augusta noch von der Skipiste auf der dänischen Ostseeinsel Bornholm gehört haben, geschweige denn jemals hören. Es ist nicht einmal möglich, objektiv zu sagen, welches Projekt nun besser ist, da die Informationen hierzu nicht verfügbar sind, ja, überhaupt nicht verfügbar sein können, denn die Präferenzen und Vorlieben der Menschen sind ja nur diesen selbst zugänglich.

Ähnlich steht es mit der Verantwortung. Sind der Einzelne und die Familie noch für ihre Entscheidungen verantwortlich und müssen die Folgen selbst tragen, wird es schon auf Gemeindeebene schwammiger. Der Bürgermeister kann sich nicht vollkommen sicher sein, was die Bürger wirklich wollen. Und ohne diese notwendige Information handelt er tendenziell verantwortungslos. Das Problem der Verantwortungslosigkeit wiegt schwerer, je größer die politischen Einheiten sind. Der EU-Entscheider handelt unvermeidbar verantwortungslos, weil er die Kosten seiner Handlungen nicht kennt und eine Fehlentscheidung nicht ihn trifft, sondern die Bürger der EU.

Nun stellt sich die Frage: Wie können diese Probleme, also beispielsweise Hafenprojekt versus Skiprojekt, denn je gelöst werden angesichts der Informationsprobleme?

Einerseits wäre den Bürgern schon viel geholfen und das Informationsproblem weniger schwerwiegend, würde diese Entscheidung auf regionaler oder sogar kommunaler Ebene getroffen. Andererseits bietet der Marktprozess ein – wie Hayek es nannte – *Entdeckungsverfahren*, um rationale Entscheidungen zu treffen. Im Markt konkurrieren Unternehmer miteinander darum, die Bedürfnisse ihrer Mitmenschen besser und effizienter zu befriedigen als ihre Rivalen. Um dies zu gewährleisten, müssen sie Ressourcen sparsam einsetzen und derart zu einem Produkt kombinieren, dass es den Menschen besonders zusagt. Setzt ein Unternehmer Ressourcen für den Bau einer Skipiste in Dänemark ein, wird sich am Markt herausstellen, ob er im Sinne der Konsumenten gehandelt hat oder nicht. Erzielt der Unternehmer einen Gewinn, dann hat er die knappen Ressourcen der Gesellschaft sinnvoll eingesetzt und sie so kombiniert, dass diese Ressourcen als Skipiste zusammengenommen wertvoller sind als einzeln am Markt. Er hat einen zusätzlichen Wert geschaffen, indem er die Ressourcen günstig eingekauft und zu etwas – in den Augen der Konsumenten – Wertvollerem zusammengesetzt hat. Erleidet der Unternehmer hingegen einen Verlust, dann übersteigen die Kosten der Ressourcen den Produktwert. Er hat Arbeitskraft, natürliche Ressourcen und Vorprodukte *nicht* zu etwas Werthaltigerem kombinieren können. Gelingt es dem Unternehmer nicht, rasch umzusteuern, wird er vom Markt verschwinden. Die Verluste bedeuten: Diese Ressourcen hätten besser auf andere Weise eingesetzt werden sollen.

Nur ein dynamischer Marktprozess und Wettbewerb gestatten es, das Informationsproblem zu lösen, verantwortungsvoll zu handeln und so die Bedürfnisse und Vorlieben der Menschen, so gut es eben menschenmöglich geht, zu befriedigen. Denn Fehlschläge und Verschwendung werden durch Verluste bestraft, gute Entscheidungen hingegen durch Gewinne belohnt.

Dieser Entdeckungsmechanismus des Marktes ist im politischen Betrieb außer Kraft gesetzt. Fehlschläge werden nicht durch Verluste bestraft. So wundert es nicht, dass dank EU-Fördergelder *beide* oben angesprochenen Projekte verwirklicht wurden. Der Hafen auf Sizilien liegt praktisch brach und die Skipiste auf Bornholm ist trotz des massiven Einsatzes von Schneekanonen nur wenige Tage im Jahr befahrbar. Was die EU-Steuerzahler mit dem Geld gemacht hätten, wäre es ihnen nicht für die Realisierung dieser Projekte abgenommen worden, steht in den Sternen.

Korruption und Umverteilung

Zurück zur Größe der sozialen Einheiten. Mit der Größe wächst nicht nur der Spielraum und schrumpft die Verantwortung für Verschwendung, die Größe hat auch Auswirkungen auf die Ehrlichkeit der Menschen. Durch die Entfernung wird die Kontrolle immer lockerer, Bestechung und Korruption können wuchern. Beim Einzelnen gibt es keine Korruption. Er möchte seine Ziele erreichen, zu denen auch die Unterstützung von Freunden zählen kann. Bei der Familie hängt die Korruption an der ganz kurzen Leine. Wird eine Gärtnerin engagiert, die zu einem überhöhten Preis den Gartenweg pflastert, dann ist es entweder so gewollt, oder es gibt großen Ärger, wenn beispielsweise herauskommt, dass es sich bei der Gärtnerin um die heimliche Geliebte des Familienvaters handelt. Lässt der in der Gemeinde verwurzelte Bürgermeister das Freibad durch einen befreundeten Unternehmer zu einem überhöhten Preis sanieren und lädt ihn dieser im Gegenzug auf einen Luxusurlaub ein, wird er – bildlich gesprochen – geteert und gefedert werden, falls die Sache auffliegt, was in einem kleinen Dorf nicht unwahrscheinlich ist. Auf nationaler oder EU-Ebene sieht das schon anders aus. Kleine Bestechungen und Zuwendungen durch Lobbyisten gehen unter. Kontrolle hierüber ist praktisch nicht möglich und die Verantwortlichen für zu teure Großprojekte sind nicht greifbar.

In der Masse gehen typischerweise Scham und Skrupel verloren. Und wenn man auch seinen Nachbarn niemals betrügen oder sich auf dessen Kosten bereichern würde, so fällt das bei den Millionen unbekannten EU-Bürgern schon leichter. Vor allem, wenn man dabei nur ein kleiner Teil der riesigen EU-Maschinerie ist. Von den 751 Abgeordneten des EU-Parlaments werden die Bürger nur die wenigsten namentlich kennen.

Umgekehrt gilt dies noch viel mehr: Die 751 Abgeordneten des EU-Parlaments werden nur einen winzigen Bruchteil der 500 Millionen EU-Bürger namentlich kennen.

Wie soll Otto Normalbürger sich über die kleinen Zuwendungen oder Luxusurlaube der EU-Abgeordneten aufregen, wenn er die Abgeordneten nicht kennt und von ihrem Urlaub nichts mitbekommt? In der Masse kann sich der Abgeordnete verbergen. Gleiches gilt für die knapp 33.000 Beschäftigten der EU-Kommission. In der Masse geht die Verantwortlichkeit verloren, jeder kann sie an den anderen weiterreichen, kann die Schuld auf einen anderen schieben – und am Ende ist es niemand gewesen. Niemand ist verantwortlich. Zwar ist irgendwo etwas schiefgelaufen, aber *wo* genau es geschehen ist und *wer* die Verantwortung trägt, bleibt unklar. So breitet die Maschinerie »Brüssel« ihren schützenden Mantel der Größe über die Taten des einzelnen EU-Politikers. Dass es so zu Verschwendung und Korruption kommt, mag nicht verwundern.

Es lohnt sogar, in Brüssel ein Amt zur Bekämpfung von Betrug und Korruption zu unterhalten. Schade, dass die EU nicht auf dem Länder-Korruptionswahrnehmungsindex von Transparency International (2016) gelistet ist. Mit der Schweiz auf Rang 5, Singapur auf Rang 7 oder Neuseeland auf Rang 1 im Jahr 2014 könnte die EU sicher nicht mithalten. Interessanterweise finden sich – gemessen an der Einwohnerzahl – auf den ersten zehn Rängen ausschließlich kleine Nationen: Außer Kanada auf Rang 9 und den Niederlanden auf Rang 8 handelt es sich dabei um Länder mit einer Einwohnerzahl von unter 10 Millionen. Findet man Deutschland zumindest noch auf Rang 10, muss man auf der Suche nach weiteren EU-Staaten auf der Tabelle schon weiter nach unten sehen: Frankreich belegt nur Rang 23, Spanien liegt auf Rang 41 und

Italien und Griechenland sind mit Platz 60 bzw. 69 noch weiter abgeschlagen.

Mit der Größe wächst auch der Spielraum für Subventionen und Umverteilung, die untergehen und undurchsichtig werden. In der Familie ist Umverteilung freiwillig, sofort erkennbar und gewollt. In der Gemeinde ist sie auch noch überschaubar. Soll der Anbau von Wein subventioniert werden, damit das Dorf attraktiver wird und mehr Touristen anzieht? Hotelbesitzer, Gastwirte, Einzelhändler dürften profitieren. Aber die Touristen bringen auch Unruhe, Lärm und Verschmutzung mit. Vorteile und Nachteile bleiben einigermaßen im Blick. Die Subvention müssen alle Dorfbewohner zahlen und sie wird auf eine beschauliche Zahl Köpfe verteilt. Im 2.000-Seelen-Dorf kostet die 1.000.000-Euro-Subvention zur Errichtung eines Weinguts 500 Euro pro Nase. Bei einer vierköpfigen Familie sind das stolze 2.000 Euro. Es darf mit Widerstand gerechnet werden von Seiten derer, die nicht so stark vom Tourismus zu profitieren hoffen.

Bei größeren sozialen Gebilden, und vor allem bei Riesensubventionsmaschinerien wie der EU, sieht es anders aus. Dort kann die 1.000.000-Euro-Subvention auf viel mehr Köpfe verteilt werden. Viele Bürger werden von der Subvention gar nichts wissen, gar nichts mitbekommen. Selbst wenn eine EU-weite Weinbausubvention mit Gesamtkosten von 1 Milliarde Euro verteilt wird, ergibt sich bei 500 Millionen EU-Bürgern ein Kostenpunkt von 2 Euro pro Nase. Und wegen 2 Euro wird kaum einer auf die Straße gehen und protestieren. Sollte jemand jedoch einmal auf die gewagte Idee kommen, eine bereits eingeführte Weinsubvention wieder zu streichen, kann man sicher sein, dass die Weinbauern mit ihren Traktoren die Autobahnen blockieren und den Verkehr lahmlegen werden, um für ihre lukrative Subvention zu kämpfen. Der Anreiz für Lobbys, sich auf Kosten der stummen Allgemeinheit Vorteile zu verschaffen, ist daher auf EU-Ebene viel größer als auf Gemeinde- oder Regionalebene. Kleine, gut definierte Gruppen von Nutznießern, wie beispielsweise Weinbauern, können sich zusammenschließen und über die EU-Institutionen versuchen, sich auf Kosten der passiven Allgemeinheit zu bereichern, die das wegen ihrer Größe kaum spürt. Spürbar wird es erst in der Summe der *vielen* Lobbys, die genauso handeln wie die Weinbauern.

Bürokraten und Beamte mit großen Budgets sind wie dicke Fische für Angler. Da lohnt es sich, die Angel auszuwerfen. Bürokraten, die viel Geld zu verteilen haben, werden zum gefundenen Fressen für Lobbyisten aller Art. Kein Wunder also, dass dort, wo *wenig* Geld zu verteilen ist, *wenig* Lobbyisten und dort, wo *viel* Geld zu verteilen ist, *viele* Lobbyisten ihr Zuhause haben, die stets das Optimum für ihre Auftraggeber herauszuholen suchen. Nach einem Bericht der *Süddeutschen Zeitung* vom Mai 2014 ist Brüssel mit 8.000 gemeldeten Organisationen nach Washington übrigens der zweitgrößte Lobbyplatz der Welt.

Insgesamt werden die Umverteilungsströme mit zunehmender sozialer Größe immer komplexer, niemand blickt mehr durch. Die Einen erhalten Agrarsubventionen, die Anderen Fördergelder, die Dritten profitieren direkt oder indirekt von subventionierten EU-Infrastrukturprojekten. Milliarden von Euro werden zwischen Ländern hin- und hergeschoben. Gleichzeitig werden Steuern gezahlt, die einen zahlen mehr, die anderen weniger. Dazu kommt noch eine monetäre Umverteilung durch das Geldsystem, das in der Eurozone auch *zwischen* den Ländern umverteilt, noch mehr seit dem Ausbruch der Eurokrise. Das Nettoergebnis ist schwer ermittelbar und viel undurchsichtiger als auf der Gemeindeebene. Der Widerstand gegen die schwer verständliche Umverteilung ist dementsprechend schwach. Und wo der Widerstand gering ist, da ergibt sich ein großer Spielraum für Lobbys und Bürokraten, Umverteilungsprojekte anzustoßen. Der Bürokrat kann dabei sogar die besten Absichten haben. Er kann ein Engel sein. Aber selbst dann ist es für ihn nicht möglich, einen vermeintlichen Subventionsbedarf objektiv zu beurteilen – wir erinnern uns: Er verfügt ja nicht über das Wissen, denn es ist dezentral verteilt. Und dieses Wissensproblem wird für ihn *noch* viel schwieriger, je größer und damit komplexer ein Gebiet ist, für das er Entscheidungen zu treffen hat. Die Komplexität einer globalisierten Welt macht kleine politische Einheiten daher erstrebenswerter denn je.

Das Wesen der Bürokratie

Interventionen und Bürokratie sind wie siamesische Zwillinge. Je mehr Eingriffe in das Leben der Menschen, desto größer die Bürokratie, die diese Interventionen durchführt, verwaltet und überwacht. Eine entscheidende Eigenschaft der Bürokratie ist ihre inhärente Tendenz zu wachsen. Der Handlungsleitfaden von Unternehmern ist, Gewinne zu suchen und Verluste zu meiden. Erzielt der Unternehmer Gewinne, erreicht er sein Ziel. Dafür muss er im Wettbewerb die Wünsche der Konsumenten besser und günstiger befriedigen als seine Konkurrenten. Doch wie sehen der Handlungsleitfaden und die Ziele von Bürokraten aus? Sie können nicht Gewinne maximieren und Verluste vermeiden. Denn sie sind nicht Eigentümer, sondern handeln mit dem Geld anderer, der Steuerzahler. Sie brauchen daher klare Vorschriften für ihr Handeln, die sogenannten Regulierungen. Was ist aber ihr Ziel innerhalb dieser inflexiblen Regeln? Wenn sie nicht auf Gewinn aus sein können, was könnte sie dann befriedigen? Viele werden vielleicht ihre Ideologie möglichst umfangreich zu verwirklichen suchen. Zu diesem Zweck werden Bürokraten tendenziell ihr Budget maximieren wollen. Dazu braucht man sich nicht einmal den EU-Haushalt anzusehen. Es genügt, einen Blick auf die vermeintlich solide deutsche Haushaltpolitik zu werfen. Das Budget kennt nur einen Weg, den nach oben. Seit 1969 sind die Ausgaben des Bundes von 42 Milliarden Euro auf 316 Milliarden Euro im Jahr 2016 gewachsen. Ein Bürokrat kann sich als erfolgreich ansehen, wenn er viel Geld ausgibt. Sparsam zu sein bringt ihm nichts. Im Gegenteil. Je höher sein Budget, desto größer sein Ansehen, seine Macht und desto mehr andere Bürokraten hat er unter seiner Führung. Und wenn vor Jahresende noch Budget übrig ist, wird es in der Regel verpulvert, um nicht einer Kürzung Vorschub zu leisten.

Haben Sie jemals vernommen, dass ein Bürokrat, der eine staatliche Einrichtung leitet, eine Pressekonferenz einberuft und verkündet: »Liebe Mitbürger, nach langem Überlegen bin ich zu dem Schluss gekommen, dass die Kosten meiner Einrichtung den Nutzen, den wir für die Gesellschaft haben, übersteigen. Ich bitte daher darum, unser Institut unverzüglich zu schließen und mich mit allen meinen Mitarbeitern zu entlassen.«? Wohl eher nicht. Vielleicht können wir uns das noch am ehesten auf Gemeindeebene vorstellen, wenn der Chef des Touristeninformationsbüros feststellt, dass der Nutzen seines Büros zu gering ist, und für seine Schließung eintritt. Wahrscheinlich ist es aber auch dort nicht. Viel vertrauter klingt uns folgende Presseerklärung: »Liebe Mitbürger, der Verdienst unserer Einrichtung an der Bevölkerung ist außerordentlich und unersetzlich. Dieses Jahr haben wir wieder Großartiges geleistet. (Hier folgen lange Zahlenreihen mit den quantifizierbaren Verdiensten, ohne die Kosten zu erwähnen.) ... Wir tun unser Bestes, jedoch könnten wir noch viel mehr tun und erreichen, wenn uns nur das Budget erhöht würde. Ich beantrage aufgrund unseres sozialen Nutzens eine Verdoppelung des Budgets meiner Einrichtung.«

Diese auf Expansion ausgelegte Tendenz der Bürokratie besteht auf kommunaler, regionaler, nationaler und EU-Ebene. Nur ist eine wirksame Kontrolle und Begrenzung der Bürokratie auf der niedrigeren Ebene viel leichter möglich. Auf Gemeindeebene können die Bürger das Argument des Tourismusbüroleiters besser prüfen. Wenn dieser eine Verdoppelung seines Budgets fordert, werden sie ihn wahrscheinlich auslachen. Sie können die Kosten des Büros und seinen Nutzen noch recht gut abwägen. Auf EU-Ebene wird das Argument, dass der Nutzen der Behörde die Kosten bei weitem übersteige und das Budget erhöht werden müsse, nebulös und ist praktisch unangreifbar, falls die Bürger überhaupt Kenntnis davon erlangt. Wenn das Europäische Institut für Gleichstellungsfragen (European Institute for Gender Equality) eine Budgeterhöhung fordert, weil der gesellschaftliche Nutzen des Instituts die Kosten bei weitem übersteige, so können die Bürger dies nicht objektiv beurteilen – *niemand* kann das. Die meisten Bürger werden die Budgeterhöhung gar nicht mitbekommen, geschweige denn von der Existenz dieses Instituts eine Ahnung haben. Oder kannten Sie es bereits? Die Bürger sind einfach zu weit weg. So öffnen große politische Einheiten dem bürokratischen Wuchern Tür und Tor.

Fazit: Mit der politischen Größe wächst das nur dezentral lösbare Informationsproblem. Die Geld- und Ressourcenverschwendung nimmt immer mehr überhand. Es entstehen immer größere Spielräume für Korruption, Subventionskämpfe, Umverteilung und Lobbys. Die Bürokratie tobt sich immer ungezügelter aus. Gleichzeit schrumpfen Kontrollmöglichkeiten und Verantwortung. In der Masse und Übergröße gehen Anstand und Ordnung verloren. Nur eine Rückbesinnung auf Dezentralität und Kleinheit wird diesen Tendenzen Einhalt gebieten und umkehren können. Die Zukunft gehört den kleineren und kleinsten politischen Einheiten.

KAPITEL 4

Warum viele kleine Staaten politischen Wettbewerb befördern

Wir brauchen keinen europäischen Gesamtstaat, so wie ihn die EU schaffen will. Und noch weniger brauchen wir einen Weltstaat. Wir brauchen vielmehr ein Europa und eine Welt, die aus hunderten bzw. tausenden kleiner Liechtensteins und Singapurs besteht.

HANS-HERMANN HOPPE

Die Scheinheiligkeit des Kartellamts

Vom Bundeskartellamt werden Sie wahrscheinlich einmal gehört haben. Auch was die Aufgaben dieser »selbstständigen Bundesoberbehörde« sind, dürfte vielen geläufig sein. Das Amt soll, salopp formuliert, überwachen, dass sich Unternehmen nicht zu Kartellen zusammenschließen, also nicht zu mächtig werden und anschließend – beispielsweise mittels Preisabsprachen – die armen Konsumenten über den Tisch ziehen. Auf seiner Internetseite stellt sich das Amt offiziell so vor: »Das Bundeskartellamt ist eine unabhängige Wettbewerbsbehörde, deren Aufgabe der Schutz des Wettbewerbs in Deutschland ist. Dieser Schutz ist eine zentrale ordnungspolitische Aufgabe in einer marktwirtschaftlich verfassten Wirtschaftsordnung.«

Daneben gibt es auf nationaler Ebene noch Landeskartellbehörden und die Monopolkommission. Für den Wettbewerb auf EU-Ebene ist natürlich, wie könnte es anders sein, die EU-Kommission zuständig. Die Zusammenarbeit zwischen ihr und den nationalen Aufsichtsbehörden koordiniert das European Competition Network (ECN). So sollen »grenzüberschreitende Praktiken von Unternehmen zur Einschränkung des Wettbewerbs« unterbunden werden – alles zum Wohle der Bürger, versteht sich.

Nebenbei erwähnt: Kartellstrafzahlungen fließen stets in die öffentlichen Haushalte. Das ist praktisch, schließlich waren das alleine in den Jahren 2007 bis 2014 fast 3,2 Milliarden Euro. Meist sind es Strafen wegen unerlaubter Preisabsprachen. Die Politiker, die sich im Parlament über den Preis für ihre durch Zwangsabgaben finanzierten »Leistungen« (Diäten) absprechen, freuen sich. Denn nun können sie noch mehr Geld ausgeben und damit die Gunst irgendwelcher Interessengruppen gewinnen.

Wettbewerb, da muss man den Behörden ausnahmsweise uneingeschränkt zustimmen, ist für eine marktwirtschaftlich verfasste Wirtschaftsordnung absolut essenziell. Wie immer aber agieren die Verantwortlichen sehr geschickt. Mit Begriffen wie »Kartell« und »Monopol« assoziieren die Bürger eher Negatives, denken an überteuerte Produkte und an Unternehmen, die ihre Marktstellung missbrauchen. Wie gut – so sollen die Bürger denken –, dass es die Kartellbehörden gibt.

Würden jedoch wirklich freie, unbehinderte Märkte existieren, gäbe es keine verbraucherschädlichen Monopole oder Kartelle. Warum? Sollte es einem Unternehmen wirklich gelingen, ein so gutes Produkt zu einem so unschlagbar günstigen Preis herzustellen, dass seine Rivalen keine Chance haben, dann doch wohl, weil das Unternehmen die Konsumentenwünsche besser befriedigt hat als alle anderen. Wenn einem Unternehmen also das Kunststück gelingt, eine starke Marktstellung zu erreichen, sollte man es eher auszeichnen, anstatt es zu bestrafen. Denn es hat erstklassige Produkte zu erstklassigen Preisen angeboten. Zumindest sehen das die Konsumenten so. Denn sonst würden sie sich dem Unternehmen nicht in Scharen zuwenden. Außerdem, sollte ein Unternehmen in einem freien und unbehinderten Markt wirklich so viel besser als seine Konkurrenten sein, dass es alleine im Markt verbleibt, wird das nur so lange der Fall sein, wie es seine Marktstellung nicht missbraucht und seinen Kunden weiter tolle Produkte zu akzeptablen Preisen anbietet. Ansonsten ist es eine Frage der Zeit, bis ein anderes Unternehmen die Gelegenheit nutzt, in den gleichen Markt einzudringen.

Zu Beginn des Internetzeitalters verfügte das US-amerikanische Unternehmen AOL über eine Stellung, die von Kritikern als marktbeherrschend angesehen wurde. Vor allem nach der Fusion mit Time Warner befürchteten viele, das neu entstandene Unternehmen könnte den Markt dominieren. Doch konkurrierenden Firmen gelang es, dem Giganten Paroli zu bieten und besser und günstiger zu sein als der Konkurrent. Wer spricht heute noch von AOL? Am Ende stellte sich der

Unternehmenszusammenschluss als einer der größten Fusions-Flops der Geschichte heraus.

Dennoch hält die Geschichte auch zahlreiche Beispiele bereit, wo Monopole nur minderwertige Produkte oder mangelnde Vielfalt hervorbrachten und dennoch lange Zeit bestehen konnten. Interessanterweise waren/sind dies allesamt staatliche Monopole. Dafür muss man nicht einmal die stinkenden Trabis aus DDR-Staatsbetrieben als Extrembeispiel bemühen. Vergleichen Sie doch nur einmal die Öffnungszeiten des Einwohnermeldeamtes Ihrer Gemeinde oder Stadt mit denen des Supermarktes, in dem Sie regelmäßig einkaufen.

Jedes Zwangsmonopol ist das Gegenteil von Wettbewerb und ausnahmslos schlecht für die Konsumenten. Diesen Satz würde wohl jeder unterschreiben, sogar die Chefs der Kartellbehörden, gleich ob in Deutschland oder in Brüssel. Gleichzeitig ist der Staat innerhalb seiner Grenzen aber – neben weiteren Bereichen – *Zwangs*monopolist der Gesetzgebung, der Rechtsprechung, der Steuererhebung und der Geldproduktion. Zudem privilegiert der Staat bestimmte Kartelle wie die Gewerkschaften, welche so Mindestpreise für Arbeit durchsetzen können, mittels entsprechender Gesetzgebung. Beispielsweise ist es einem Unternehmen verboten, einen streikenden Mitarbeiter zu entlassen und durch einen arbeitslosen, aber arbeitswilligen Konkurrenten zu ersetzen. Wie lässt sich das mit seinem Anspruch, den Wettbewerb schützen zu wollen, vereinbaren?

Bereits bei der Betrachtung des staatlichen Geldmonopols – wir werden in einem eigenen Kapitel noch näher darauf eingehen – drängt sich der Eindruck geradezu auf, dass der Staat Wettbewerb nur dort zulässt, wo er ihm genehm ist, ihm nützt und seinen eigenen Machtinteressen nicht entgegensteht.

Steuern und Wettbewerb

Wir wollen nun untersuchen, welchen Einfluss »Wettbewerb« auf das staatliche Monopol ausübt, Steuern erheben zu können. Wenn man Steuern als notwendiges Übel betrachtet, dann mag mancher im ersten Moment über dieses Monopol erleichtert sein. Denn dann gibt es in einem Staatsgebiet nicht gleich mehrere Institutionen, die Steuern einfordern, es steht also nicht an jeder Ecke ein »Mafioso«, der den Menschen einen großen Teil ihres sauer verdienten Einkommens abpresst.

Um den Wettbewerb beim Thema »Steuern« kümmern sich die Kartellbehörden und Monopolkommissionen leider nicht. Das überlassen sie den Regierungen. Die sorgen aber nicht *für* Wettbewerb, sondern tun alles dafür, um Steuerwettbewerb zu verhindern und einzudämmen.

Wenn Politik wirklich ehrlich sein wollte, wie es die Werbeslogans von Parteien ja versprechen, dann empfehlen wir, den eben erwähnten Text auf der Internetseite des Bundeskartellamtes wie folgt zu ergänzen: »Ausgeschlossen ist der Schutz des Wettbewerbes im Bereich Geldwesen, Steuern, Bildungswesen, Lohnbildung und allen weiteren Bereichen, in denen Wettbewerb die Interessen des Staates, der Regierung und der Politik schädigen würde.« Das wäre doch mal *ehrliche* Politik!

»Steuerharmonisierung« ist zum Modewort geworden. Natürlich klingt das auch besser als »Steuerkartell«. Zwar wird bei der »Steuerharmonisierung« das *Lösen von grenzüberschreitenden Steuerproblemen*, wie man es nennt, in den Vordergrund gestellt, doch liegt auf der Hand, dass zwischen den EU-Ländern jeglicher Steuerwettbewerb ausgeschaltet werden soll.

Wie ein Mantra tausendfach wiederholt, fordern Politiker – national wie international und quer durch alle Parteien – mehr Steuergerechtigkeit, das Schließen von sogenannten Steuerschlupflöchern und das Trockenlegen von Steueroasen. Steuerhinterziehungsprozesse werden regelmäßig zu Schauprozessen. Von Steuermoral ist dann stets die Rede. Und natürlich muss auch das Wort »sozial« herhalten, besonders gerne wird es dabei dem Wort »Gerechtigkeit« vorangestellt.

So auch bei Treffen wie dem der Finanzminister und Notenbankchefs der G20 im Juli 2016, bei dem der Vorsitzende der Industrieländerorganisation OECD, José Ángel Gurría, verkündete, die Auswirkungen von Steuern müssten generell stärker das Wohlergehen aller Menschen berücksichtigen und daher sozial gerechter sein: »Wir müssen die Steuerpolitik, die Wachstum und Produktivität fördert, mit sozialer Gerechtigkeit versöhnen.«

Dabei soll den Bürgern vorgegaukelt werden, dass die staatlichen Leistungen hauptsächlich »die Reichen« zahlen. Und wer sind »die Reichen«? Das sind immer die anderen.

Diese Rechnung geht jedoch nicht auf. Die staatlichen Errungenschaften fallen schließlich nicht wie Manna vom Himmel. Immer wenn es um mehr Investitionen in staatliche Bildung, Gesundheit, Verkehr und Sicherheit geht, sollen – so heißt es – die Reichen zur Kasse gebeten werden. Dass immer die anderen zahlen, die staatlichen Leistungen also nichts kosten, das ist sozusagen die Lebenslüge des Sozialstaates. Diese Lebenslüge kommt gelegen. Denn zu ihr gehört auch, dass sich die »bösen Reichen« zu wehren versuchen, und zwar mittels Steuerhinterziehung und der Nutzung von Steuerschlupflöchern. So finden die Politiker weitere Betätigungsfelder. Sie müssen unterbinden, dass sich die Reichen dem Zahlen der Zeche für den Sozialstaat entziehen. Eine Täuschung, denn die Zeche zahlen die Bürger letztlich selbst. Aber wie schön lassen sich mit dieser noblen Politikaufgabe doch Neidgefühle befriedigen, oder? Und wie schön lassen sich Bevölkerungsgruppen gegeneinander ausspielen? Dabei geht das Spiel »Linke Tasche, rechte Tasche« munter weiter.

Es verwundert nicht, dass Länder mit niedrigeren Steuersätzen immer häufiger Ziel von Kampagnen werden, die von Ländern mit höheren Steuersätzen losgetreten werden. Klar, Politikern, die ihren Bürgern steuerlich die Hölle heißmachen, sind Steuerparadiese ein Dorn im Auge. Viele Leser werden sich entsinnen, als im Jahr 2009 der damalige Bundesfinanzminister Peer Steinbrück zufrieden in Richtung Schweiz tönte, nachdem die sich dem Druck gebeugt hatte, im Verdachtsfall der Steuerhinterziehung ihr Steuergeheimnis zu lockern: »Die Kavallerie in Fort Yuma muss nicht immer ausreiten, manchmal reicht es, wenn die Indianer wissen, dass es sie gibt.« Steinbrück, damals oberster Eintreiber der Steuerhölle Deutschland, hatte am Rande eines G20-Finanzministertreffens gedroht, die Schweiz würde ansonsten auf die schwarze Liste der Steueroasen gesetzt. Auch mit Hehlern, die gestohlene Bankdaten auf CDs anbieten, macht Vater Staat Geschäfte. Der Zweck heiligt eben alle Mittel. Warum gibt es eigentlich keine schwarze Liste der Steuerhöllen?

Weil die große Mehrheit im Land dem Märchen aufgesessen ist, die Reichen bezahlten den Sozialstaat, muss die Regierung nicht mit Widerstand gegen diese Art von Politik rechnen, im Gegenteil. Schon der Gedanke, Steuerwettbewerb könnte vorteilhaft sein, ist vielen fremd, den meisten wird er sogar widersinnig vorkommen. Wie solle sich der Staat auch sonst finanzieren? Die Steuereinnahmen ermöglichen es ihm schließlich, seinen hoheitlichen Aufgaben nachzukommen. An dieser Stelle soll nicht thematisiert werden, dass scheinbar hoheitliche Aufgaben des Staates auch privatwirtschaftlich gelöst werden könnten. Das würde den Rahmen dieses Buches sprengen. Jedoch wollen wir uns in einem kurzen Exkurs der Tatsache zuwenden, wie Steuern die Schaffung von Wohlstand in einer Volkswirtschaft beinträchtigen. Und damit meinen wir nicht die offensichtliche Folge von Steuern, dass sie Arbeit und Produktion weniger attraktiv machen. Oder würden Sie plötzlich mehr arbeiten wollen, wenn Sie statt 50 Euro netto die Stunde wegen höherer Steuern nur noch 40 Euro erhielten? Wenn die Rendite für unsere Arbeit abnimmt, wird es gleichzeitig für uns billiger, Freizeit zu haben. Wir werden also tendenziell weniger arbeiten und mehr Freizeit genießen. Selbiges gilt für die Produktion.

Aus dieser Erkenntnis folgern wir, dass es dem Wohlstand der Menschen dienlich ist, die Steuerbelastung so niedrig als möglich zu halten. So lässt sich die Leistungsfähigkeit einer Volkswirtschaft erhalten und steigern. Oder anders formuliert: Der Preis für staatliche Leistungen sollte so niedrig als möglich sein. Dass dies nur über Wettbewerb, also *Steuer*wettbewerb erreichbar ist, sollte einleuchten.

Exkurs

Lebenszeit ist knapp. Die Menschen sind ungeduldig, wollen ihre Ziele lieber früher als später erreichen. Aber weil Menschen unterschiedliche Präferenzen haben, unterscheiden sie sich auch im Grad ihrer Ungeduld. Daraus folgt: Menschen haben eine unterschiedliche Zeitpräferenz. Ist jemand mehr konsumorientiert und eher nicht bereit zu sparen, spricht man von einer tendenziell höheren Zeitpräferenz. Je mehr künftige Güter im Verzicht auf sofort verfügbare Güter gefordert werden, desto höher ist die Zeitpräferenz. Ist Person A beispielsweise nur bereit, auf den sofortigen Erhalt von 100 Euro zu verzichten, wenn man ihr dafür 110 Euro in einem Jahr verspricht, so hat sie eine höhere Zeitpräferenz als Person B, die schon für den Erhalt von 102 Euro in einem Jahr auf den sofortigen Erhalt von 100 Euro verzichtet. Die Zeitpräferenz eines Menschen wird sich im Laufe seines Lebens immer wieder ändern und wird auch von äußeren Einflüssen bestimmt.

Die Erhebung von Steuern kann die Zeitpräferenz entscheidend beeinflussen. Werden die Steuern für Sparer erhöht, sinkt die Nettorendite des von ihnen investierten Kapitals. Wenn aber die Rendite für Sparkapital abnimmt, wird es billiger, mehr zu konsumieren. Es wird dann wahrscheinlich weniger gespart und mehr konsumiert. Tendenziell steigt also die Zeitpräferenz.

Reicht der Staat die den Sparern entwendete Steuer einem Dritten als Transferzahlung weiter, wird dessen Freizeit billiger, weil er für gleiches Geld nun weniger als zuvor oder gar nicht mehr arbeiten muss. Auch wird dieser Dritte tendenziell weniger sparen, kann er sich doch auf staatliche Sozialleistungen verlassen. Mithin steigt seine Zeitpräferenz ebenfalls an.

Wenn in einer Gesellschaft durch Steuern und Umverteilung aber die Zeitpräferenz aller ansteigt, wird tendenziell weniger gespart und mehr konsumiert. Und wird weniger gespart und mehr konsumiert, steht weniger Geld für neue Investitionen oder Ersatzinvestitionen zur Verfügung. Die Produktivität kann folglich nicht in dem Maße gesteigert werden, wie es ohne die Steuererhöhung der Fall gewesen wäre. Unter Umständen sinkt die Produktivität sogar ab. Die Gesellschaft wird ärmer, als sie ohne die Steuererhöhung gewesen wäre.

Nahe Grenzen erleichtern den »Exit«

Wie aber lässt sich Steuerwettbewerb erreichen? Zugegeben, er funktioniert ein wenig anders und indirekter als beim Wettbewerb in der Privatwirtschaft. Wem die Brötchen beim Bäcker »Knatsch« nicht knusprig genug sind, der geht im Idealfall nur 100 Meter weiter zu Bäcker »Knack«. Bei Produkten der Privatwirtschaft geht es darum, das beste Gut so günstig wie möglich zu bekommen. Wir wechseln den Anbieter, um ein knusprigeres Brötchen zu erhalten.

Steuern dagegen sind kein Gut, das es zu erlangen, sondern ein Übel, dem es zu entkommen oder das es zumindest zu minimieren gilt. Einem Hochsteuerland zu entkommen gestaltet sich etwas aufwändiger, als den Bäcker zu wechseln. Es bedeutet in der Praxis nämlich, seinen Wohnsitz dauerhaft zu verlegen. Damit verbunden sind Maßnahmen wie: eine neue Arbeitsstelle suchen oder den Sitz seines Unternehmens verlegen, den Haushalt auflösen, ein neue Wohnung suchen, einen Schulwechsel für die Kinder organisieren. Und dies sind bei weitem noch nicht alle Dinge, die erledigt werden müssen, wenn man sich entschließt, seinen künftigen Lebensmittelpunkt an einem anderen Ort zu haben.

In aller Regel findet man sich danach sogar in einem anderen Sprach- oder Kulturraum wieder. Besonders schwierig wird es, wenn das Land, das man verlassen will, sehr groß ist. Gerade diese beiden Argumente werden viele von dem finalen Schritt abhalten. Wer dann auch noch Verwandte und Freunde zurücklassen muss und gegenseitige Besuche zu einer halben Weltreise werden, der wird sich zweimal überlegen, ob er am Ende nicht doch in den sauren Apfel beißt, bleibt, wo er ist, und zähneknirschend seine ungnädige Steuerrechnung begleicht.

Mit zunehmender Staatsgröße – und hier meinen wir seine territoriale Ausdehnung – wächst die Zahl der Hindernisse, die einem Bürger beim Verlegen seines Lebensmittelpunktes im Wege stehen. Auch unter diesem Betrachtungswinkel bekommt die stets geforderte verstärkte europäische Integration einen mehr als faden Beigeschmack. Integration bedeutet für die Eurokraten vor allem Harmonisierung von Steuersätzen, und zwar auf das höchstmögliche Niveau. Um den Steuerwettbewerb zu begrenzen, hat das EU-Steuerkartell, das anscheinend jenseits der Radarschirme der Kartellämter sein Unwesen treibt, einen Mindestmehrwertsteuersatz von 15 Prozent veranschlagt. Mit anderen Worten: Die Mitgliedsstaaten haben sich verpflichtet, diese Steuer nicht unter 15 Prozent zu senken. Schon jetzt gibt es also supranationale Steuerabsprachen. Die Vereinigten Staaten von Europa würden die Bürger Europas durch eine Ausschaltung des Steuerwettbewerbs erst recht zum Selbstbedienungsladen für Politiker und Bürokraten machen.

Gerade darum sind kleine politische Einheiten für einen funktionierenden Steuerwettbewerb unabdingbar. Wem die Steuern im Land A zu hoch sind oder wer meint, keine adäquate Gegenleistung für seine Steuern zu bekommen – wie beispielsweise erstklassig ausgebaute, staufreie Straßen oder ein hervorragendes Bildungssystem für seine Kinder –, dem wird die Entscheidung, in Land B zu ziehen, viel leichter fallen – dorthin, wo die Straßen und die Schulen, weil staatlich, zwar auch nicht viel besser sind, aber zumindest die Steuern erträglicher sind. Das versteht jeder, und schon mit diesem einen Argument dürfte klar werden, dass eine vertiefte europäische Integration nicht den Interessen der Bürger dienen wird, sondern Steuerwettbewerb unterbinden soll, weil der den staatlichen Steuersäckel bedroht.

Für den Besteuerten ist es umso leichter umzuziehen, je kleiner ein Staat ist. In einem Umfeld kleiner Staaten kann Otto Normalsteuerzahler das Gleiche tun, was sich heute fast nur sogenannte Superreiche erlauben können. Und zwar den Exit. Es macht nämlich einen Unterschied, wenn man einen Staat statt nach 1.000 Kilometern bereits nach 10 Kilometern hinter sich lassen kann. Wenn am Wunschzielort dann noch die gleiche Sprache gesprochen wird und man seinen gewohnten Kulturraum nicht verlassen muss, fällt es nochmal leichter, seine Zelte dort abzubrechen, wo man zur Steigerung staatlicher Einnahmen wie eine Zitrone ausgepresst wird. Man muss auch nicht all seine Freunde und Verwandten aufgeben und kann sich gegenseitig ohne großen Aufwand regelmäßig besuchen.

Umgekehrt, aus Sicht eines Staates, steigt für ihn mit der Nähe der Grenzen der Druck, die Steuerzahler und Produktiven im Land zu halten. Das gilt auch für Unternehmen. Denn alles, was wir bis jetzt über das mögliche Abwandern der Menschen gesagt haben, trifft natürlich ebenso für die Unternehmen zu, denen das Abwandern oft leichter fällt.

Sieht ein Staat sich mit dem Wegziehen der von ihm gemolkenen Steuerkühe konfrontiert, hat er letztlich zwei Optionen. Entweder er muss die Grenzen schließen und wie die DDR eine Mauer errichten oder den Wegzug massiv besteuern. Oder aber Regierungen und Politik müssen sich anstrengen, Menschen und Unternehmen ein gutes Preis-Leistungs-Verhältnis anzubieten, vergleichbar einer Urlaubsregion, die sich im Wettbewerb mit anderen Regionen um Feriengäste bemüht. Ähnlich der Werbung um Hotelgäste muss eine Regierung versuchen, mit attraktiven Konditionen die klügsten Köpfe ins Land zu holen. Und die kommen vielleicht direkt aus der Nachbarschaft, weil man sie dort mit hohen Steuern und wuchernder Bürokratie drangsaliert und zur Mitfinanzierung eines überbordenden Versorgungsstaates zwingt.

So könnten beispielsweise die Verantwortlichen in einem unabhängigen und selbstständigen Savoie – heute ein französisches Département – damit werben, sich nur darauf zu konzentrieren, Leib, Leben, Freiheit und Eigentum ihrer Bürger zu schützen, sich aber ansonsten nicht in deren Leben einzumischen. Und das zu einem sehr niedrigen »Preis«, sprich zu einem minimalen Steuersatz. Viele Bewohner (und auch Unternehmen) des benachbarten Départments Isère fänden das vielleicht so attraktiv, dass sie sich entschließen würden, ihren Wohnsitz nach Savoie zu verlegen. Sie müssten dafür nicht einmal eine andere Sprache erlernen. Und ihre Freunde und Verwandten könnten sie auch jederzeit ohne großen Aufwand besuchen. Im angrenzenden Isère blieben dann überwiegend die Steuerkonsumenten zurück. Die dortige Regierung müsste sich ganz schnell ein Konzept überlegen, die Bewohner und Unternehmen im Land zu halten. Sie wäre ihrerseits gezwungen, Ausgaben und Steuersätze zu senken und allgemein auf mehr Freiheit zu setzen. Denn nur mit Konsumieren und ohne Produzieren lässt es sich nicht allzu lange aushalten. Dieses Beispiel lässt sich auf jede andere Region übertragen, auf Bayern genauso wie auf das österreichische Tirol, das spanische Katalonien, Sachsen oder Schleswig-Holstein. Vielleicht würde so sogar der immer wieder aufkommende Zwist in Belgien zwischen Flamen und Wallonen ein Ende finden.

Einmal mehr erkennen wir, dass große politische und wirtschaftliche Einheiten dem Wohl der Gesellschaft abträglich sind, denn sie behindern einen funktionierenden Steuerwettbewerb. Je größer das Staatsgebiet, desto schwieriger ist es für den Steuerpflichtigen, sich vor den Zugriffen des Staates auf Einkommen und Vermögen zu schützen. Ein Weltstaat wäre für ihn der Super-GAU. Dann wäre das totale Steuermonopol vollendet. Steuern zu entgehen wäre nur noch demjenigen möglich, der seinen Wohnsitz auf einen anderen Planeten verlegen würde. Aber selbst dort lassen die Politiker schon mittels Fahnen ihr Revier markieren – wie Neil Armstrong auf dem Mond einst eindrucksvoll demonstriert hat.

Steuerpolitik ist schon lange nicht mehr nur Mittel zum Zweck, das heißt mittels Steuereinnahmen die Kosten zu decken, die für die Aufrechterhaltung einer staatlichen Ordnung anfallen, nämlich einer Rechtsordnung mit dem Schutz der Bürger und ihres Eigentums. Stattdessen ist Steuerpolitik zu einem Umverteilungsinstrument geworden. Den einen nehmen, um den anderen zu geben, das ist die politische Devise. Das schafft Abhängige, deren Stimme man sich als Politiker bei den nächsten Wahlen sicher sein kann. Und beim umverteilenden Politiker und Bürokraten selbst bleibt ja auch immer ordentlich was hängen.

Das war Ludwig von Mises völlig klar, als er in seinem Werk *Nationalökonomie* schrieb:

> *Die Steuer sollte zu einem Werkzeug bewusster Eingriffe in das Getriebe der Marktwirtschaft werden. Man gestaltete die Steuerpolitik zu einem Mittel interventionistischer Wirtschaftspolitik; man wollte gar nicht die Besteuerung so neutral als möglich anlegen, man wollte sie gerade als Mittel »aktiver« Sozialpolitik.*

Politiker zahlen keine Steuern

Politiker werden *immer* Gründe dafür finden, warum Steuern erhöht oder Steuersätze zur Verhinderung des Wettbewerbs harmonisiert werden müssen. Dann kommen wieder die phrasenartigen Sätze, die für gewöhnlich mit »Wir müssen« beginnen, so wie in einem Beitrag am 23. Juli 2016 in der *Frankfurter Allgemeinen Zeitung*, in dem zwei führende SPD-Politiker eine Vermögenssteuer einforderten:

> *Wir müssen in die Zukunft investieren: in gute Bildung, leistungsfähige Verkehrswege, Sicherheit und gesellschaftlichen Zusammenhalt. Das alles ohne neue Schulden und mit einer Entlastung für die mittleren Einkommen. Klingt wie die Quadratur des Kreises? Ist es aber nicht. In Deutschland wächst der Reichtum, während die Ungleichheit immer größer wird. Um die Mittel für dringend nötige Investitionen zu aktivieren, braucht es zwei klare Ansagen. Erstens: Schluss mit Steuerbetrug, der unserem Gemeinwohl Milliarden entzieht. Zweitens: Mega-Einkommen und Mega-Vermögen müssen angemessen zur Finanzierung dessen beitragen, worauf sich auch ihr Wohlstand gründet. Eine übergroße Mehrheit teilt diese Ansicht. […] Steuern sind niemals Selbstzweck. Uns geht es um mehr Investitionen in Infrastruktur, Bildung oder Breitband – sprich um mehr Gerechtigkeit.*

Dieses Zitat liefert mustergültig den Beweis, *wie* Politik funktioniert. Es fallen die typischen Begriffe, mit denen sich gut Stimmung machen lässt: *gesellschaftlicher Zusammenhalt, wachsende Ungleichheit, Steuerbetrug, Gemeinwohl, Mega-Einkommen und Mega-Vermögen, mehr Investitionen, mehr Gerechtigkeit, eine übergroße Mehrheit teilt diese Ansicht.* Natürlich! Wer will nicht mehr Infrastruktur, Bildung oder Breitband, wenn doch die Reichen zahlen? Der schon angesprochenen Lebenslüge ist nichts mehr hinzuzufügen. Obwohl, vielleicht doch: Solche Forderungen stammen in aller Regel von Politikern, also einer Gesellschaftsgruppe, die nicht produktiv tätig ist – es häufig auch schon *vor* der politischen Karriere niemals war – und netto keine Steuern zahlt. »Wie? Keine Steuern?«, werden viele nun einwenden, Politiker werden gar protestieren, auf ihre Gehaltsabrechnung und den darin ausgewiesenen Lohnsteuerabzug verweisen. Die Erklärung ist aber ganz einfach: Politiker in der Regierung, in den Parlamenten sowie Beamte und öffentlich Beschäftigte sind allesamt *Steuerempfänger*. Ihre Gehälter werden aus Steuermitteln finanziert. Machen wir das Denkexperiment? Wo läge das Nettoeinkommen von Politikern, gäbe es keine Steuern? Richtig, bei null. Wessen Einkommen sich aus Steuermitteln speist, ist *Nettosteuerkonsument*. Und wer Nettosteuerkonsument ist, zahlt unterm Strich keine Steuern.

Als Steuerkonsumenten streben Politiker daher aus Eigeninteresse heraus stets nach höheren Steuereinnahmen. Mitstreiter finden sie in der Bevölkerung zuhauf, in Form derer, die ebenfalls netto keine Steuern zahlen, unproduktiv sind und von Steuern leben. Gemeinsam gehen sie auf Jagd nach zusätzlichen Steuermitteln. Hegt und schont ein Jagdpächter in seinem Revier den Wildbestand, regiert bei der Jagd auf Steuern dagegen die Unersättlichkeit. Steuerwettbewerb ist dem Stillen dieser Unersättlichkeit nur im Wege und muss ausgeschaltet werden.

Wer noch Zweifel an dieser Gier nach immer höheren Steuereinnahmen hat, dem können vielleicht die folgenden Zahlen auf die Sprünge helfen. Lagen die Steuereinnahmen von Bund, Ländern und Gemeinden in Deutschland im Jahr 1991, dem ersten Jahr nach der Vereinigung der beiden deutschen Staaten, noch bei 338 Milliarden Euro, wurden im Jahr 2015 bereits 673 Milliarden Euro vereinnahmt – eine Steigerung von ziemlich genau 100 Prozent. Gereicht hat das Geld trotzdem nicht. Noch ein Beispiel gefällig? Wer heute das 1,3-Fache des Durchschnittslohnes verdient, also rund 53.000 Euro, zahlt hierzulande den Spitzensteuersatz. Vor sechs Jahrzehnten musste man dafür das 17-Fache (!) des Durchschnitts verdienen. Trotz dieser atemberaubenden Zahlen, nie ist genug Geld da. So stiegen zwischen 2000 und 2015 die Schulden Deutschlands von etwa 1,2 Billionen auf über 2 Billionen Euro.

Erinnern wir uns an das vorletzte Kapitel, in dem wir die Gesellschaft »bottum-up«, aus der Sicht des Individuums, betrachtet haben. Nur der Einzelne selbst kennt die Wichtigkeit seiner Ziele, seine ihm zur Verfügung stehenden Mittel. Nur er kennt seinen persönlichen Zeithorizont und nur er besitzt exklusives Wissen, über das kein anderer Mensch verfügt. Jeder Mensch weiß daher, wie er sein Einkommen und Vermögen am besten einsetzt, was schließlich in der Interaktion mit anderen Marktteilnehmern zu höherem Wohlstand und zu höherer Produktivität einer Gesellschaft führt. Jeder Steuer-Euro, der den Bürgern abgenommen wird, fehlt ihnen als Mittel zur Erreichung ihrer Ziele und wird von Politikern eingesetzt, die diese Ziele gar nicht kennen können.

Verbunden mit den Erkenntnissen aus unserem Exkurs schließen wir, dass Steuern gar nicht niedrig genug sein können. Je niedriger, desto besser. Jeder Euro, der *nicht* bei Regierungen und Bürokraten landet, sondern bei den Bürgern verbleibt, dient dazu, den Wohlstand der Volkswirtschaft anzuheben. Steuerwettbewerb ist somit wohlstandsfördernd, weil er für niedrigere Steuern sorgt.

Wettbewerb auch für Politiker

Die Vorteile des Wettbewerbs sind nicht nur auf Steuern begrenzt. Selbiges gilt für Regulierungen oder sonstige Eingriffe in das Leben der Menschen. Kleine politische Einheiten bedeuten intensiveren Wettbewerb. Denn dann gibt es mehr Einheiten und nähere Grenzen. Sie machen die Exit-Option billiger und zwingen die Mächtigen sowohl zu einer ungewollten Zurückhaltung beim Griff in des Bürgers Tasche als auch zu mehr Anstrengung, qualitativ höherwertige Rahmenbedingungen zu bieten, wie beispielsweise ein gutes Bildungssystem oder eine gute Infrastruktur.

Einmal mehr kann der Vergleich mit der kleinen Einheit »Familie« zum besseren Verständnis beitragen. Könnte ein Familienvater seine erwachsenen Kinder zwingen, an ihn 50 Prozent ihres Einkommens abzuführen? Könnte er ihnen vorschreiben, dass sie zu Hause keinen Alkohol trinken dürfen, für überteuerten Windstrom zahlen müssen, in ihrem Zimmer nur lächerliche Energiesparbirnen nutzen dürfen oder einen Veggie-Day einführen? Die meisten Kinder würden wohl unverzüglich ausziehen. Auch ein Bürgermeister wird kaum den Alkoholkonsum verbieten können oder mit einer Gemeindesteuer auf Fleischkonsum in Höhe von 100 Prozent durchkommen. Auch würde der Bürgermeister bei der massiven Ansiedlung von Menschen anderer Kulturen auf Kosten der Bürger wohl Schwierigkeiten bekommen. Die Menschen würden mit den Füßen abstimmen und scharenweise das Dorf oder den Stadtteil verlassen. Noch auf regionaler Ebene ist das Abstimmen mit den Füßen, der Wohnortwechsel realistisch, wenn es zu großen Übergriffen auf das Eigentum der Bürger kommt. Wenn man Riesenstaaten wie die ehemalige Sowjetunion betrachtet, wird deutlich, was ein Staat seinen Bürgern antun kann, wenn die Option des »Abstimmens mit den Füßen« praktisch ausgeschlossen ist.

Kleine Strukturen befördern Freihandel

Ähnlich verhält es sich mit Zöllen. Ein Familienvater würde wohl für verrückt erklärt werden, wenn er sagte: »Wir wollen autark sein. Wir pflanzen unser eigenes Essen an, schneiden uns die Haare selber, bauen unser eigenes Fortbewegungsmittel und behandeln uns bei Krankheit selbst. Damit das einigermaßen eingehalten wird, erhebe ich Zölle auf alle Waren und Dienstleistungen, die ihr bei Nichtfamilienmitgliedern kauft.« Eine Familie kann es sich nicht erlauben, alles selbst zu produzieren, will sie nicht am Rande des Hungertodes dahinvegetieren. Sie braucht den freien Austausch von Waren, Dienstleistungen und Kapital mit dem Rest der Welt. Zölle zu erheben und autark leben zu wollen grenzt hier an Selbstmord. Die Folgen der schlechten Politik werden hier unmittelbar fühlbar.

Bei einer selbstständigen Stadt liegt die Sache ähnlich. Auch sie braucht offene Grenzen, nicht nur, weil ihre Bewohner in den Rest der Welt reisen wollen oder sogar müssen, sondern auch um all die Waren importieren zu können, die anderswo günstiger hergestellt werden oder die es in der Stadt gar nicht gibt. Die unabhängige Stadt muss weltoffen sein. Nur so kann sich die Stadt aller Vorteile internationaler Arbeitsteilung erfreuen. Es wundert nicht, dass Stadtstaaten wie Monaco, Andorra, San Marino oder Liechtenstein keine Zölle auf EU-Produkte erheben. Riesenreiche wie die Sowjetunion, die eine große Palette von Produkten und Dienstleistungen, wenn auch mehr schlecht als recht, selbst produzierte, können es sich tendenziell eher leisten, autark zu leben und Zölle zu erheben. Die Auswirkungen der schlechten Politik sind hier nicht so unmittelbar spürbar und sichtbar wie in Kleinstaaten. Daraus folgt: Je kleiner politische Einheiten, desto größer der Druck zu Freihandel und offenen Grenzen.

Offene Grenzen für Waren, Dienstleistungen und Kapital bedeuten nicht automatisch grenzenlose Einwanderung. Vor allem bei den heutigen sozialen Sicherungssystemen würde der Wohlfahrtswanderung in die soziale Abhängigkeit Tür und Tor geöffnet.

So wusste bereits der US-amerikanische Wirtschaftswissenschaftler und Nobelpreisträger Milton Friedman (1912–2006):

> *Man kann einen Sozialstaat haben – und man kann offene Grenzen haben. Aber man kann nicht beides gleichzeitig haben.*

Hier braucht es ein gut durchdachtes Einwanderungsgesetz. Nur so können Konflikte in der Gesellschaft verhindert werden. Kleine politische Einheiten bieten auch in dem Fall große Vorteile gegenüber Riesenstaaten. Nicht nur, dass kleine Staaten sehr genau darauf schauen werden, wer bei ihnen einwandert. Sie werden auch auf qualifizierten Fachkräften bestehen, die den Lebensstandard des Landes heben. Darüber hinaus kann man in einem kleinstaatlich geprägten Umfeld auch in einem anderen Land arbeiten, ohne zwingend dort wohnen zu müssen. Man kann zum Arbeiten pendeln, denn die Entfernungen sind gering.

Betreiben kleine Staaten eine unkluge Einwanderungspolitik, muss die Regierung befürchten, dass die eigene Bevölkerung das Weite sucht. Die Grenzen sind ja nicht fern.

Wettbewerb auch beim Geld

Der institutionelle Wettbewerb erweist sich auch beim Geld als vorteilhaft. Der Familienvater wird die Familienmitglieder kaum zwingen können, ihre Geldreserven in einer von ihm emittierten und ständig an Wert verlierenden Währung zu halten. Die Mitglieder würden diese Währung ganz schnell in stabilere Alternativen umtauschen, die sie auch außerhalb des Hauses nutzen können. Für Stadtstaaten gilt Ähnliches. Auch sie vermögen es kaum, ihren Bürgern eine Währung aufzuzwingen, die stärker an Wert verliert als die hinter den Stadtgrenzen verfügbaren Alternativen. Die Bürger würden einfach ihre Ersparnisse in der Währung der Nachbarstadt halten und notfalls dort Waren kaufen und verkaufen. Dies erklärt auch den Erfolg der Hamburger Mark Banco, die durch ihre relative Wertstabilität zum Symbol der Solidität des Hamburger Kaufmannes wurde.

Je größer das Staatsgebiet und je weniger politische Einheiten existieren, desto mehr wird der institutionelle Wettbewerb auch beim Geld ausgesetzt. Die Bürger sehen sich zunehmend alternativ- und wehrloser. Seit der Euro in Europa Einzug gehalten hat, haben Bürger der traditionellen Hochinflationsländer am Mittelmeer oder auch in Osteuropa nicht mehr die Chance, ihre Ersparnisse in D-Mark zu halten. Vor dem Euro konnten sie ihre schwachen Inlandswährungen verkaufen und in D-Mark eintauschen. Das war eine Art Sanktionsmechanismus für besonders unverantwortliche Geldpolitiker, die zusehen mussten, wie der Wert ihrer Währung zerrann. Heute ist der Währungswettbewerb passé. Zumindest in der Eurozone. Die Konkurrenz durch die D-Mark wurde ausgeschaltet und die Bundesbank entmachtet. Selbst den Deutschen fehlt heute diese Alternative. Auch sie sind im Euro gefangen.

»Gutes Geld« und ein funktionierendes Geldsystem sind sehr wichtig für eine Volkswirtschaft. Um der Wichtigkeit von »Geld« gerecht zu werden, haben wir diesem Thema ein eigenes Kapitel gewidmet.

Als Zwischenfazit und allgemein gesprochen gilt: Je näher die Grenze zu einem anderen Land, umso leichter können die Menschen Bedingungen entkommen, die ihnen nicht zusagen, wie übermäßige Steuern oder Zölle, erdrückende Regulierungen, willkürliche Repressalien, Masseneinwanderung oder inflationäre Währungen. Je näher die nächste Grenze, umso leichter fällt die persönliche Standortveränderung. Somit sind kleine wirtschaftliche Einheiten ein Garant für die Freiheit der Bürger.

Innovation und Wettbewerb

Der Wettbewerb zwischen politischen Einheiten bietet neben dem leichteren Exit noch weitere Vorteile. Er macht es leichter zu vergleichen und zu experimentieren. Die unschätzbaren Vorteile von Vergleichen und Experimentieren beginnen im Kleinen. Wenn Ihr Nachbar sich eine neue Bewässerungsanlage für seinen Garten zulegt, werden Sie ihn vielleicht nach seiner Zufriedenheit befragen, wenn Sie mit dem Gedanken spielen, sich ebenfalls eine solche Anlage zu kaufen. Wenn Sie nach ein paar Wochen eine große Überschwemmung im Garten Ihres Nachbarn beobachten, werden sie wahrscheinlich von dieser Marke Abstand nehmen. Ist Ihr Nachbar aber hellauf von seiner Anschaffung begeistert und blüht der Garten auf wie nie zuvor, werden Sie vielleicht in Betracht ziehen, sich ein ähnliches Modell, wenn nicht sogar das gleiche, zuzulegen. So funktioniert Experimentieren. Jemand probiert etwas Neues aus. Dann vergleichen wir das Alte mit dem Neuen, unseren

Garten mit dem des Nachbarn. Was funktioniert, wird kopiert, was nicht funktioniert, wird fallen gelassen. Wir lernen. Auf diese Weise entstehen und verbreiten sich Innovationen.

Vergleichen und Experimentieren hilft auch auf Gemeindeebene. Wenn eine Gemeinde erstmals ein neues Weinfest veranstaltet, das sich als ein Riesenerfolg erweist, stößt das in den Nachbargemeinden Überlegungen an, ein ähnliches Fest anzusetzen. Was die eine Region gut macht, kann die andere kopieren.

Hat ein Land eine stabile Währung, dann wird es Nachahmer finden. Die Deutsche Mark wurde weltweit ob ihrer Stabilität bewundert. Auch wenn sie während ihres Bestehens den Großteil ihrer Kaufkraft verlor, so tat sie das deutlich langsamer als andere Währungen. Ausländische Staaten versuchten es der Bundesbank gleichzutun. So folgte beispielsweise die Niederländische Zentralbank sehr eng der Geldpolitik der Bundesbank.

Zudem wurde der Vergleich mit der D-Mark von ausländischen Politikern gefürchtet. Vor allem die französische Politik empfand die D-Mark als Bedrohung. Denn die häufigen Abwertungen des Franc gegenüber der D-Mark führte den französischen Bürgern vor Augen, wie ihre Währung im Vergleich zur Nachbarwährung an Wert verlor. Und im Vergleich zu den deutschen Notenbankern schnitten die französischen Politiker und Zentralbanker beschämend schlecht ab. Kein Wunder, dass die französische Politik auf die Einführung einer Gemeinschaftswährung hinarbeitete. So konnten der Wettbewerb und der nicht sehr schmeichelhafte Vergleich mit der D-Mark unterbunden werden (siehe auch Kapitel 5).

Heute gibt es nur noch *eine* europäische Geldpolitik. Ein Vergleich verschiedener Währungen ist innerhalb der Eurozone nicht mehr möglich. Der Euro hat auch die Möglichkeit zum währungspolitischen Experimentieren genommen. Die Eurozone sieht nicht vor, dass einzelne Staaten oder Regionen die D-Mark wiedereinführen, eine Edelmetallwährung ausprobieren oder gar statt auf Euro auf den Bitcoin setzen. Bestünde Wettbewerb, könnten sich solide Währungen verbreiten, schlechtes Geld würde vom Markt verschwinden.

Noch ist jedoch nicht alles in der EU zentralisiert. Es verbleiben zahlreiche Vergleichsmöglichkeiten zwischen den Ländern der EU. Nehmen wir die Arbeitsmarktregulierung. Die stark regulierten Arbeitsmärkte in Spanien verantworten offensichtlich seit Jahrzehnten eine strukturell weitaus höhere Arbeitslosigkeit als die sehr liberale Arbeitsmarktgesetzgebung Dänemarks. Wer weniger Arbeitslosigkeit in seinem Land möchte, wird statt der spanischen Gesetze lieber die dänischen kopieren. Gibt es einmal die von den Politikern gewünschten Vereinigten Staaten von Europa und wird die Arbeitsmarktgesetzgebung »harmonisiert«, wird auch dieser Vergleich zumindest innerhalb der EU wegfallen.

Je mehr politische Einheiten es gibt, desto vielfältiger sind die Vergleichs- und Experimentiermöglichkeiten. Bei vielen kleinen Einheiten wird das Experimentieren und das daraus folgende Lernen viel intensiver und dynamischer. Die Innovationskraft explodiert.

Goethe wusste es bereits

Auch und gerade für Wissenschaft und Künste ist dieses Experimentieren von großer Bedeutung. Gibt es viele politische Einheiten, stehen sie in einem starken Wettbewerb, die besten Wissenschaftler und Künstler anzuziehen. Dazu müssen Universitäten, Bildungssysteme und die kulturelle Landschaft attraktiv gestaltet werden. Die Folgen kulturellen Wettbewerbs lassen sich auch historisch sehr gut nachvollziehen. Der Ökonom Roland Vaubel hat sich in einem Aufsatz mit der Frage beschäftigt, warum die Barock- und Renaissancemusik in Italien und Deutschland und nicht im zentralistischen Frankreich aufkam. Vaubel gelangte zu dem Ergebnis, dass es gerade die politische Fragmentierung Italiens und Deutschlands war, die durch intensiven Wettbewerb um die Musiker zu dieser musikalischen Blüte führte. Die verschiedenen Fürstenhöfe buhlten um die Musiker und versuchten, sie mit attraktiven Arbeitsbedingungen für sich zu gewinnen.

Deutschlands größter Dichter Johann Wolfgang von Goethe (1749–1832) zog ebenfalls eine Verbindung zwischen kultureller Blüte und politischem Wettbewerb:

> *Wodurch ist Deutschland groß, als durch eine bewundernswürdige Volkskultur, die alle Teile des Reichs gleichmäßig durchdrungen hat. Sind es aber nicht die einzelnen Fürstensitze, von denen sie ausgeht und welche ihre Träger und Pfleger sind? – Gesetzt, wir hätten in Deutschland seit Jahrhunderten nur die beiden Residenzstädte Wien und Berlin, oder gar nur eine, da möchte ich doch sehen, wie es um die deutsche Kultur stände? Ja, auch um einen überall verbreiteten Wohlstand, der mit der Kultur Hand in Hand geht! Deutschland hat über zwanzig im ganzen Reich verteilte Universitäten und über hundert ebenso verbreitete öffentliche Bibliotheken. An Kunstsammlungen und Sammlungen von Gegenständen aller Naturreiche gleichfalls eine große Zahl, denn jeder Fürst hat dafür gesorgt, dergleichen Schönes und Gutes in seine Nähe heranzuziehen. Gymnasien und Schulen für Technik und In-*

dustrie sind im Überfluss da. Ja, es ist kaum ein deutsches Dorf, das nicht seine Schule hätte. Wie steht es aber um diesen letzten Punkt in Frankreich?

In Deutschland war nicht alles in der Hauptstadt eines Großstaates konzentriert wie in Frankreich oder östlichen Riesenreichen. Die vielen unabhängigen politischen Einheiten in Deutschland – als Goethe diese Worte äußerte, waren es 39 an der Zahl – befanden sich in einem intensiven Wettbewerb. Wundert es da, dass die Zeit der deutschen Kleinstaaten ebenfalls die Zeit der kulturellen Blüte war? Im 19. Jahrhundert standen die angesehensten Universitäten der Welt in Deutschland, die um die hellsten Köpfe konkurrierten. Dort revolutionierte sich das Universitätssystem und wurde zum Vorbild für die ganze Welt. Deutschland erlebt eine einmalige kulturelle Entwicklung.

Von Johann Sebastian Bach (1685–1750), Georg Friedrich Händel (1685–1756), Joseph Haydn (1732–1809), Wolfgang Amadeus Mozart (1756–1791) über Ludwig van Beethoven (1770–1825), Franz Schubert (1797–1828), Robert (1810–1856) und Clara Schumann (1819–1896), Richard Wagner (1813–1883) bis hin zu Johannes Brahms (1833–1897) und vielen anderen prägten deutsche Komponisten die europäische Musiklandschaft.

Mit Dichtern wie Christoph Martin Wieland (1733–1813), Johann Gottfried Herder (1744–1803), Friedrich von Schiller (1759–1805), Friedrich Hölderlin (1770–1843), Jacob (1785–1863) und Wilhelm Grimm (1786–1859), Johann Wolfgang von Goethe (1749–1832), Heinrich von Kleist (1777–1811), Franz Grillparzer (1791–1872), Heinrich Heine (1797–1856), Theodor Storm (1817–1888) oder Theodor Fontane (1819–1898) erreichte die deutsche Literatur ihre Blüte.

Die Philosophie erfuhr durch Denker wie Gottfried Wilhelm Leibniz (1646–1716), Immanuel Kant (1724–1804), Johann Gottlieb Fichte (1762–1814), Georg Wilhelm Hegel (1770–1831), Friedrich Schelling (1775–1854), Arthur Schopenhauer (1788–1860), Ludwig Feuerbach (1804–1872), Karl Marx (1818–1883) und Friedrich Nietzsche (1844–1900) entscheidende Entwicklungen.

Und auch in den Wissenschaften kam es zu einer einmaligen Schaffensphase, die bis über die Kaiserzeit hinaus fortwirkte. Größen wie Georg Christoph Lichtenberg (1742–1799), Georg Ohm (1789–1854), Carl Friedrich Gauß (1777–1859), Alexander (1769–1859) und Wilhelm von Humboldt (1767–1835), Justus von Liebig (1803–1873), Heinrich Schliemann (1822–1890), Ernst Mach (1838–1919), Heinrich Hertz (1857–1894), Otto Lilienthal (1848–1896), Robert Koch (1843–1910), Ferdinand Braun (1850–1918), Wilhelm Röntgen (1845–1923), Carl Benz (1844–1929), Rudolf Diesel (1858–1913), Max Planck (1858–1947) oder Albrecht Einstein (1879–1955) gelangen bahnbrechende Erkenntnisse.

Ohne Übertreibung darf behauptet werden, dass zu dieser Zeit Deutschland in Musik, Literatur, Philosophie und den Wissenschaften führend war. Sie kennen den Ausspruch, der aus dieser Periode stammt: *das Land der Dichter und Denker.*

Die »Kleinstaaterei« hat die kulturelle und intellektuelle Dominanz Deutschlands nicht verhindern können. Ganz im Gegenteil, und wie Goethe richtig erkannte, war sie für den fulminanten Aufstieg verantwortlich. Die dezentralen Einheiten konkurrierten um die besten Köpfe. In den zahlreichen politischen Einheiten wurde fleißig erfunden, ausprobiert und experimentiert, mit innovativen Bildungseinrichtungen und Methoden, mit neuen Musik- oder Literaturstilen und mittels wissenschaftlicher Forschungen. Die unabhängigen kleinen Zentren und Köpfe stimulierten sich gegenseitig. Es entwickelte sich eine einmalige kulturelle und intellektuelle Dynamik.

Von der Zersplitterung in die deutschen Kleinstaaten profitierte die deutsche Kultur noch lange. Noch heute sind Nachwirkungen dieser dezentralen Tradition spürbar. Der Historiker Peter Watson schreibt dazu in seinem Buch *The German Genius*: »Deutschland war im Januar 1933, als Hitler Kanzler wurde – zweifelsohne –, weltweit intellektuell führend.« In der Tat gab es bis 1933 mehr deutsche Nobelpreisträger als amerikanische und britische zusammengenommen. Die nationalsozialistische Gleichschaltung und Minderheitenverfolgung – besonders der jüdischen Intellektuellen – setzten der deutschen Führungsposition ein abruptes Ende. Die so gewinnbringende Zersplitterung war jedoch schon zuvor mit der Gründung des deutschen Kaiserreichs im Jahr 1871 zu Ende gegangen, als sich die verhängnisvolle Zentralisierung Deutschlands verfestigte und der schleichende Niedergang begann.

Bühne frei für »Private Cities«

Heute keimt neue Hoffnung. Der Widerstand gegen die Zentralisierung in der EU wird größer. Der Brexit ist nur *ein* Ausdruck dieses Widerstandes. Zugleich vermag sich der Wettbewerb neue Wege zu bahnen. Denn den Staaten könnte bald neue Konkurrenz durch die Gründung freier, privater Städte ins Haus stehen, die sich wie ein gewinnorientiertes Unternehmen organisieren könnten. Erste Überlegungen in diese Richtung werden bereits angestellt. Der Mitgründer und frühere Vorstandsvorsitzende des Unternehmens Deutsche Rohstoff AG, Titus Gebel, widmet sich diesem Thema. Er zeigt sich überzeugt, dass sich alles, was man von Produkt- und Dienstleistungsmärkten kennt, auch auf das Zusammenleben von Menschen übertragen lässt. In einem Gastbeitrag für die *Neue Zürcher Zeitung* im Juni 2016 schreibt Gebel:

> *Der Staatsbürger wäre auf einmal umworbener Kunde, der jederzeit den Anbieter wechseln kann, anstelle einer stets verfügbaren Melkkuh, die sich den Weggang durch Wegzugsbesteuerung erkaufen muss. [...] Der Betreiber ist Dienstleister, der sich Mühe geben muss und nicht einfach die Regeln zulasten der Kunden ändern kann, wenn es ihm gerade in den Kram passt. Der Wettbewerb wird dafür sorgen, dass es zahlreiche unterschiedliche Modelle des Zusammenlebens geben wird, für jeden Geschmack etwas Passendes. Die Grade an Freiheit, Innovation und Selbstverantwortung werden durchweg hoch sein. Und wem dies alles zu viel wird, geht einfach in All-inclusive-Systeme, die einem sämtliche Entscheidungen abnehmen. Nach spätestens einer Generation dürften solche privaten Systeme wohlhabender, freier und friedlicher sein als alles, was wir bisher kennen.*

Wenn der »Schutz des Wettbewerbs eine zentrale ordnungspolitische Aufgabe in einer marktwirtschaftlich verfassten Wirtschaftsordnung« ist, so wie es auf der Internetseite des Bundeskartellamtes steht, dann muss es einen Grund dafür geben, dass staatliche Monopole – darunter das Recht, Steuern erheben zu können – bei Kartellämtern und Monopolkommissionen durchs Raster fallen. Der Grund liegt auf der Hand: Während der Wettbewerb vorteilhaft für die Menschen ist, gereicht er den herrschenden Eliten zum Nachteil.

Kleine, im Wettbewerb stehende, politische Einheiten würden technologisch und kulturell eine enorme Dynamik entfachen. Die Bürger könnten Überregulierung, Zölle und anderen Eingriffe in ihre Freiheit einfacher sanktionieren. Der politische Wettbewerb würde, wie auf Gütermärkten auch, die Qualität staatlicher Dienstleistungen – vor allem den Schutz von Leib, Leben, Freiheit und Eigentum der Bürger – steigen und die »Preise« – also die Steuern – sinken lassen. Und wer würde nicht gerne weniger Steuern zahlen?

KAPITEL 5

Warum im Geldsystem Wettbewerb unerwünscht ist

Um eine Welt zu erschaffen mit nur einer Regierung, einer Zentralbank und einer Währung, muss das größte und wichtigste Hindernis auf dem Weg dorthin zerstört werden – und das ist Gold.

Ferdinand Lips

Die Rolle von »Geld« in der Volkswirtschaft

Mehrfach haben wir im Verlauf dieses Buches bereits darauf hingewiesen: Geld spielt in einer Volkswirtschaft eine fundamentale Rolle. Für die Politik ist es sogar *das* entscheidende Element. Die Macht über das Geldwesen erleichtert es dem Staat, eine ausufernde Bürokratie zu finanzieren, ein ansonsten nicht finanzierbares Wohlfahrtswesen einzurichten, um damit die Bürger zu bestechen oder auch Armeen zu finanzieren, die zu mehr als nur zur Verteidigung in der Lage sind. Kurz: Das Geldmonopol ermöglicht es dem Staat, weit größer und mächtiger zu werden, als es *ohne* die Macht über das Geld möglich wäre. Das ist der Grund, warum das Thema *Geld* nicht ausgespart werden darf, wenn man Überlegungen anstellt, wie die Macht und Größe von Staaten eingeschränkt werden kann.

Das im voranstehenden Zitat des Schweizer Bankiers Ferdinand Lips (1931–2005) angesprochene Gold spielt als Geld im heutigen Währungsgefüge längst keine Rolle mehr. Dass dies auch nicht gewollt ist, zeigen alleine die beiden folgenden Zitate ehemaliger Notenbanker.

Beispielsweise soll Paul Volcker, von 1979 bis 1987 Vorsitzender der amerikanischen Notenbank, einmal gesagt haben:

> *Gold ist der Feind.*

Sein Nachfolger Alan Greenspan (bis 2006), »Magier der Märkte«, wie er lange Zeit genannt wurde, verfasste lange vor seiner Zeit als Notenbankchef einen Artikel mit der Überschrift »Gold und wirtschaftliche Freiheit«, der in der Zeitschrift *The Objectivist* erschien. Darin heißt es:

> *Ohne Goldstandard gibt es keine Möglichkeit, Ersparnisse vor der Enteignung durch Inflation zu schützen. Es gibt dann kein sicheres Wertaufbewahrungsmittel mehr. Wenn es das gäbe, müsste die Regierung seinen Besitz für illegal erklären, wie es ja im Falle von Gold ja auch tatsächlich geschah. [...] Die Finanzpolitik des Wohlfahrtsstaates macht es erforderlich, dass es für Vermögensbesitzer keine Möglichkeit gibt, sich zu schützen.*

Dies ist das schäbige Geheimnis, das hinter der Verteufelung des Goldes durch die Verfechter des Wohlfahrtsstaates steht. Staatsverschuldung ist schlicht und ergreifend ein Mechanismus für die »versteckte« Enteignung von Vermögen. Gold verhindert diesen heimtückischen Prozess. Es schützt Eigentumsrechte. Wenn man das erst einmal begriffen hat, ist die Feindschaft der Wohlfahrtsstaatsverfechter gegen den Goldstandard nicht mehr schwer zu verstehen.

Es ließen sich noch zahlreiche weitere Aussagen von Notenbankern, Bankern und Politikern anführen, allein der Platz reicht hierfür nicht aus.

Grundlegend für die nachfolgenden Überlegungen ist das Verständnis, was *Geld* eigentlich ist.

Geld ist das allgemein akzeptierte Tauschmittel, das marktgängigste Gut in einer Volkswirtschaft. Das Gut also, das sich für den indirekten Tausch – also nicht Ware gegen Ware, sondern Geld gegen Ware – am besten eignet. Um herauszufinden, welches Gut am marktgängigsten ist, bedarf es – entgegen landläufiger Meinung – keines staatlichen Eingriffs. Das Auffinden des besten Geldes geschieht ohne einen gefassten Plan, ohne planwirtschaftliche Feststellung von staatlichen Polit- oder Zentralbankbürokraten. Das erledigen die Marktteilnehmer selbst, also die *Menschen*, und zwar indem sie *handeln*, unbeeinflusst und ohne äußeren Zwang. Aus diesem Handeln heraus haben sich seit Menschengedenken Edelmetalle, vor allem Gold und Silber, als die ultimativen Zahlungsmittel herausgebildet.

Natürlich weiß das auch der bereits zitierte Alan Greenspan. Noch im Jahr 2014 sagte er in einem Interview:

Gold ist eine Währung. Es ist immer noch, nachweislich, eine erstklassige Währung. Keine Fiat-Währung, einschließlich des Dollar, kann es mit ihr aufnehmen.

Die Geschichte lehrt, dass die Menschen über einen Zeitraum von mehreren Tausend Jahren hinweg durch ihr Handeln Gold und Silber als Geld auserkoren haben. In der Summe dieses Handelns steckt so viel Wissen und so viel Erfahrung, wie es die bestinformierten Zentralplaner niemals werden haben können.

Geld aus dem Nichts und aus Baumwolle

Leider haben das Geld, das wir heute täglich verwenden (müssen), und Edelmetalle nicht mehr das Geringste miteinander zu tun. Waren Geldscheine früher Zertifikate, die einen Anspruch auf Aushändigung einer genau definierten Menge an Gold oder Silber darstellten, sind Geldscheine heute nur noch Baumwollzettel mit Anspruch auf ... nichts. Ihre Kaufkraft erhalten sie nur aus dem Vertrauen darauf, dass man als Halter auch morgen noch etwas dafür kaufen kann. Gleiches gilt für Geld in Form von Bits und Bytes auf unseren Konten.

Einen Geldschein aus Baumwolle zu drucken, kostet nur wenige Cent, und elektronisches Geld am Computer zu erzeugen, verursacht praktisch keine Kosten. Für diejenigen, die das Privileg haben, praktisch kostenlos Geld herzustellen und damit dann nach Lust und Laune einkaufen zu gehen, ist die Versuchung natürlich recht groß, genau dies zu tun. Anders verhält es sich mit der Produktion von Edelmetallgeld. Gleich ob Gold oder Silber, beide Metalle müssen mit sehr viel Aufwand aus dem Erdreich geholt und aufwändig bearbeitet werden, bis sie schließlich in Münz- oder Barrenform Verwendung finden. Der jährliche Goldbestand wächst weltweit mit einer Jahresrate von etwa 1,5 Prozent. Die Menge an umlaufendem Papier- und Buchgeld dagegen kann *jederzeit* per Knopfdruck ausgeweitet werden, was auch laufend geschieht, mit Steigerungsraten, die nicht selten bei 10 und mehr Prozent pro Jahr liegen. Die zahllosen Inflationen und Hyperinflationen in der Menschheitsgeschichte rund um den Erdball lassen grüßen.

Geld ist etwas sehr Wichtiges in einer arbeitsteiligen Gesellschaft. Und weil Geld so wichtig ist, jedenfalls wird so argumentiert, müsse sich der Staat um das Geldwesen kümmern. Ein Scheinargument.

Die Wahrheit lautet: Regierungen waren und sind seit jeher knapp bei Kasse. Nie ist genug Geld da. Wenn die Staatseinnahmen die Staatsausgaben einmal übersteigen sollten, dann ist dies nicht mehr als ein ungeplanter Zufall. Um Argumente, warum ihnen immer Geld fehlt, sind Politiker nie verlegen. Einmal muss mit einem Investitionsprogramm die Wirtschaft angekurbelt werden, ein andermal sind es die Ausgaben für Soziales, die ein Loch in die Kasse reißen. Irgendetwas oder irgendjemand lässt sich schon finden, dem man den schwarzen Peter zuschieben kann. Letztlich ist es jedoch immer das Bestreben, die Bürger mit vermeintlichen Geschenken zu bestechen und zu korrumpieren, um sich ihre Wahlstimme zu erkaufen. Je größer die Ausgaben, desto mehr Macht liegt in den Händen von Bürokraten und Politikern und desto mehr können sie Freunden und Wählergruppen Gutes tun.

Der Staat und die Macht über das Geldwesen

Die demokratischste Einnahmequelle, die Regierungen für diese Ausgaben zur Verfügung steht, sind Steuern. Denn diese werden im Parlament diskutiert. Reichen die Steuereinnahmen nicht aus, um die Ausgabenwünsche zu decken, gehen Politiker den Weg des geringsten Widerstandes. Und das ist – statt die Steuern zu erhöhen – die Aufnahme von Schulden. Diese Form der Finanzierung ist bequem und der Widerspruch seitens der Bürger hält sich sehr in Grenzen, hoffen sie doch, von den staatlichen Leistungen, die so finanziert werden können, zu profitieren. Würden die Steuern erhöht, um ein neues Sozialprogramm, z. B. zur Eingliederung von Migranten, zu finanzieren, hätten die Bürger ganz klar vor Augen, dass das neue Programm auch Kosten für *sie* hat. Widerstand wäre vorprogrammiert. Über eine Mehrwertsteuererhöhung beispielsweise freuen sich die wenigsten. Wird das Eingliederungsprogramm jedoch durch die Ausgabe neuer Schulden finanziert, bleiben die Kosten größtenteils verborgen. Wird irgendwann neues Geld gedruckt, um die durch das Programm entstandenen Staatsschulden zu begleichen, dann beginnen die Preise zu steigen (oder sinken weniger stark, als sie es sonst getan hätten). Die Bürger zahlen vielleicht 10 Cent mehr an der Zapfsäule, als sie es getan hätten, wäre das Eingliederungsprogramm nie angelaufen. Jedoch werden die wenigsten eine Verbindung zwischen den höheren Benzinpreisen und dem Eingliederungsprogramm ziehen. Der Widerstand ist mithin geringer. Daher ist die Finanzierung über Schulden für die Politiker weitaus attraktiver als eine Steuererhöhung. Kein Wunder, dass unsere Staatsschulden immer neue Höhen erklimmen.

Staatsverschuldung in der Dimension, wie wir sie heute leider kennen, ist aber nur möglich, *weil Geld außer durch Vertrauen durch nichts mehr gedeckt ist,* weder durch Gold noch durch reale Ersparnisse. Geld entsteht aus dem Nichts, im Moment der Ausreichung eines Bankkredites. Wir leben in einem reinen Papiergeldsystem, und um Kredite zu gewähren, sind heute keine realen Ersparnisse mehr notwendig, denn das Bankensystem ist als Teilreservesystem organisiert und die bei der EZB mindestens zu haltende Reserve der Banken auf Einlagen liegt nur noch bei einem (!) lächerlichen Prozent.

Hätten wir eine an Gold gebundene Währung, dann müssten die Regierungen letztlich Steuern erheben, um ihre Schulden zu begleichen. Denn Gold können sie nicht drucken. Damit wird der Staatsverschuldung eine Obergrenze gesetzt, nämlich die noch tragbare oder durchsetzbare Steuerbelastung. Weil Regierungen über ihre Notenbank heute aber Papiergeld (genauer Baumwollgeld) drucken können und auch das Bankensystem Geld aus dem Nichts herstellen kann, um Staatsanleihen zu erwerben, ist es möglich, die Staatsschulden einfach durch die Produktion neuer Schulden und neuen Geldes zurückzuzahlen. In einem Papiergeldsystem vervielfachen sich daher die Verschuldungsmöglichkeiten der Regierungen.

Nun wird deutlich, warum Regierungen schon immer darauf erpicht waren, die Herrschaft über das Geldwesen zu erlangen. Nur so wurde es ihnen möglich, das Geldsystem nach ihren Wünschen und Vorstellungen zu gestalten und sich des sie einschränkenden und disziplinierenden Goldes zu entledigen. So ist das Geldwesen ab Beginn des 20. Jahrhunderts bis heute von einem Goldstandard zu einer Art staatlichem Franchise-System mutiert, indem die Banken eine staatliche Lizenz zum Gelddrucken erhalten. Als Dankeschön sind sie im Gegenzug gerne bereit, dem Staat andernfalls nicht stemmbare Ausgaben für überbordende Wohlfahrtsleistungen, ineffiziente Bürokratieapparate oder angeblich friedenschaffende Kriege zu finanzieren. Im Hintergrund steht die staatliche, mit einer vermeintlichen Unabhängigkeit ausgestattete Notenbank, die die Banken mit dem notwendigen Zentralbankgeld versorgt und darüber hinaus bereitsteht, als »Retter der letzten Instanz« einzugreifen, wenn sich das System mal wieder am Abgrund befindet. Die Symbiose ist vollkommen. Die staatliche Notenbank und die Banken finanzieren den Staat. Staat und Notenbank garantieren das Überleben der Banken, denen erlaubt wird, selber Geld herzustellen.

Die Monopolisierung des Geldwesens und der Geldproduktion unter staatlicher Aufsicht ist der schwerwiegendste staatliche Eingriff in ein freies Marktsystem überhaupt. Geld ist wie ein Band, welches die Marktteilnehmer weltweit verbindet und hochspezialisierte, wohlstandschaffende Arbeitsteilung, wie wir sie heute kennen, erst ermöglicht. Bei dieser Art der Betrachtung wird ein eklatanter Widerspruch deutlich. Ist das Produzieren von Gütern und Dienstleistungen noch halbwegs *kapitalistisch* geprägt, wird die Bezahlung der Güter mit einem Medium abgewickelt, das alle Merkmale eines *sozialistischen* Produktes aufweist. Nämlich mit Geld, das unter Ausschaltung jeglichen Wettbewerbes unter staatlichem Regime entstanden ist und dessen umlaufende Menge letztlich unter staatlicher Kontrolle steht. Eigentlich verrückt, diese Vorstellung, und jeder, der sich selbst gegenüber ehrlich ist, muss zugeben, dass es nichts anderes als Wunschdenken ist, das staatliche Geldmonopol würde besser funktionieren als die staatliche Automobilproduktion in der DDR.

Der Krieg gegen das Gold

Die Vorstellung, ein Land könnte aus dem Papiergeldsystem ausscheren und seine Währung an Gold binden, ist ohne Zweifel ein Horrorszenario für Politiker und Befürworter großer politischer Einheiten. Aber warum? Es könnte doch der EU oder den USA egal sein, wenn beispielsweise Norwegen als Nichteuroland seine Landeswährung an Gold binden würde und die norwegische Krone anschließend gegenüber Euro und US-Dollar massiv aufwerten würde. Norwegische Waren würden für das Ausland doch dann viel zu teuer werden und die norwegischen Exporte müssten infolgedessen einbrechen; so jedenfalls wird argumentiert. Die Norweger würden sich doch also selbst schaden. Was schert das die EU, die USA oder die EZB?

Ein perfektes Beispiel, warum es *nicht* gewollt ist, wenn ein Land, vielleicht ein kleines noch dazu, eine sehr starke Währung mit Goldbindung hat, sind die Geschehnisse in der Schweiz der 1990er Jahre.

Im Jahr 1992 schloss sich die Schweiz dem IWF an. Zu diesem Zeitpunkt befanden sich in den Tresoren der Schweizer Nationalbank 2.590 Tonnen Gold, damals die viertgrößte Goldreserve der Welt. Sehr viel Gold für so ein kleines Land.

In seinem Buch *Die Goldverschwörung* (2003) äußerte sich Ferdinand Lips sehr kritisch zu diesem Schritt:

> *Entweder wurden der Öffentlichkeit die wahren Gründe des IWF-Beitritts nicht genannt und bewusst verschleiert, oder aber die Regierung verstand damals nicht, was sie tat. [...] Trotz der traditionellen Neutralität der Schweiz verfolgte die Regierung*

unentwegt eine Strategie der Internationalisierung der schweizerischen Politik. »Wir müssen Teil der internationalen Gemeinschaft werden« oder »wir können nicht draußen bleiben« waren die griffigen »Argumente« des Bundesrates und der Nationalbank – und sie sind es immer noch.

Schauen wir uns zunächst die Ziele des IWF an, jeder kann sie auf dessen Internetseite nachlesen:

Der IWF wurde geschaffen, um die internationale Zusammenarbeit auf dem Gebiet der Währungspolitik zu fördern; die Ausweitung und ein ausgewogenes Wachstum des Welthandels zu erleichtern; die Stabilität der Wechselkurse zu fördern [...].

Die »Stabilität der Wechselkurse zu fördern« erweist sich für den IWF verständlicherweise als schwierig, wenn man das Wechselkursverhältnis zweier Länder betrachtet, von denen eines eine goldgedeckte Währung hat – wie es bei der Schweiz der Fall war – und das andere nicht. Weitet das Land ohne Golddeckung seine Geldmenge ebenfalls nicht oder nur in geringem Umfang aus, wäre das Wechselkursverhältnis beider Länder eher relativ stabil. Aber ohne einen Goldstandard wird dies nicht gelingen, weil Regierungen – wie jeder weiß – gerne mehr Geld ausgeben, als ihnen zur Verfügung steht. Die eine Regierung ist durch die Golddeckung gebunden, die andere nicht. Aus diesem Grund wird die Währung des Landes *ohne* Golddeckung gegenüber der Währung des Landes *mit* Golddeckung tendenziell abwerten. Der Vergleich mit der stabilen Goldwährung ist den Politikern der abwertenden Papiergeldwährung naturgemäß sehr unangenehm. Der Wechselkurs wird zum Spiegelbild ihres geldpolitischen Versagens und zum für jedermann sicht- und spürbaren Indiz ihrer schuldenfinanzierten Ausgabenorgien. Die blamable Abwertung ist den Wählern natürlich nicht so gut zu verkaufen. Und nicht nur Wähler, auch Unternehmen könnten ihren Wohnsitz verlagern.

Weil das auch der IWF weiß, findet sich in seinen *Articles of Agreement* vorsichtshalber der Passus VI., 2b, gemäß dem es einem Mitgliedsland nicht gestattet ist, seine Währung an Gold zu binden.

Noch einmal Ferdinand Lips:

> *Nach dem Zusammenbruch von Bretton Woods war der Schweizer Franken die einzige Währung auf der Welt, die immer noch durch Gold gedeckt war. Diese einzigartige Anziehungskraft und Stabilitätsgarantie waren es, die den Schweizer Franken zum Brennpunkt des Neides der Befürworter eines Dollarstandards machten. Der Schweizer Franken genoss eine Anziehungskraft, die der US-Dollar nicht hatte. Seine Anbindung ans Gold konnte daher von den Baumeistern einer zukünftigen Neuen Weltordnung (New World Order) nicht länger toleriert werden.*

Gegen die Schweiz wurde in den 1990er Jahren ein regelrechter Gold-*Krieg* geführt. Die Schweizer Banken mussten sich fortlaufend gegen Vorwürfe wehren, sie hätten sich Vermögen von im Zweiten Weltkrieg verstorbenen oder vermissten Juden einverleibt. Dabei gab es seitens der Banken freiwillige umfangreiche Überprüfungen und auch entsprechende Auszahlungen an Erben.

Auch des Vorwurfs, die Schweizer Regierung hätte mit Hitler kollaboriert, musste man sich erwehren. Dabei hatte sich die Schweiz, so wie es kleine Staaten üblicherweise tun, während des ganzen Zweiten Weltkrieges neutral verhalten. Der Vorwurf lautete, die Nationalsozialisten hätten sich große Teile der für Einkäufe im Ausland erforderlichen Devisen mithilfe von Goldtransaktion über Schweizer Banken beschafft. Der internationale, vor allem von Seiten der USA ausgeübte Druck war immens. Aber auch innenpolitische Stimmen mischten kräftig mit und trugen dazu bei, dass die Schweizer Notenbank schließlich einknickte.

Mit einer standhafteren Politik könnte die Schweiz noch heute über ihre ursprünglich vorhandenen Goldreserven verfügen. Der Schweizer Franken wäre eine *noch* solidere Währung, als er ohnehin heute noch ist. Nach wie vor genießt er den Ruf einer weltweiten Fluchtwährung und profitiert von im internationalen Vergleich immer noch stattlichen Goldreserven und einer gesunden und starken Volkswirtschaft.

Starke Wirtschaft – starke Währung

Kritiker, damals wie heute, werden an dieser Stelle einwenden, dass eine starke Währung einem Land Wettbewerbsnachteile bringt. Dem ist zu entgegnen, dass die Schweiz *trotz* starker Währung so wohlhabend werden konnte, wie sie heute ist. Gleiches gilt für das Fürstentum Liechtenstein, dessen Landeswährung der Schweizer Franken ist. Das Bruttoinlandsprodukt pro Erwerbstätigem liegt in der absoluten Weltspitze. Das Geld wird in Liechtenstein aber nicht vornehmlich mit Finanzgeschäften gemacht, wie viele denken mögen. Das Land ist hochindustrialisiert und der Hauptwertschöpfungszweig ist die verarbeitende Industrie. Und Gleiches gilt auch für Deutschland, das trotz seiner im internationalen Vergleich stets zur Stärke neigenden Deutschen Mark zum Exportweltmeister wurde.

Im Grunde genommen macht die Schweiz heute den gleichen Fehler wie vor über 20 Jahren. Aus problematischen ökonomischen Theorien heraus wird von den verschiedensten Interessengruppen auf eine weitere Schwächung des Schweizer Franken gedrängt, vor allem gegenüber dem Euro, in dessen Währungsraum die Schweiz sich eingebettet sieht.

Die Schweizer Nationalbank ist die Zentralbank, die ihre Bilanz aufgrund Geldschöpfung in den zurückliegenden Jahren am stärksten aufgebläht hat, stärker als EZB, Fed oder die Bank of Japan. Durch das Drucken von Schweizer Franken und das Aufkaufen vor allem in Euro notierender Anleihen und Aktien versucht die Notenbank, eine Aufwertung des Franken zu verhindern oder zumindest einzudämmen.

Nach einer über einen Zeitraum von gut drei Jahren aufrechterhaltenen Bindung des Franken an den Euro, die im Januar 2015 völlig überraschend gekappt wurde und viele Unternehmer und Marktteilnehmer in erhebliche Schwierigkeiten brachte, wird in der Schweiz nach wie vor aktive Währungspolitik betrieben.

Was wäre wohl passiert, wenn die Schweiz *nicht* dem IWF beigetreten wäre, *nicht* große Teile ihrer Goldreserven verkauft hätte und die Goldbindung des Schweizer Franken *aufrechterhalten* hätte?

Der Außenwert des Schweizer Franken wäre sicherlich weiter angestiegen, nicht schlagartig, sondern stetig, schließlich gab es kein herausragendes Einmalereignis. Die Schweizer Exportindustrie hätte sich darauf einstellen können, dass ihre Waren im Ausland tendenziell teurer werden. Gerade das aber – nämlich Wettbewerb – spornt Unternehmen zur Steigerung der Produktivität an und fördert die Innovation. Nachdem aber auch viele Rohstoffe und halbfertige Erzeugnisse, die die Unternehmen für die Produktion benötigen, importiert werden müssen, wären auch die Kosten für die Produktion gesunken. Schließlich kann mit einer starken Währung billiger importiert werden.

Zentralplanerisch denkende Politiker, Notenbanker und sonstige Bürokraten mögen sich das nicht vorstellen können, aber Unternehmen bzw. die dahinterstehenden Menschen sind durchaus in der Lage, sich auf solche Entwicklungen einzustellen.

Was wäre noch passiert? Die Kaufkraft der Schweizer Bürger wäre im Laufe der Zeit ebenfalls stetig angestiegen. Zum einen durch den steigenden Außenwert der Währung, zum anderen, weil in einem Land, das gut wirtschaftet, in dem die Produktivität gesteigert und keine Unmengen an zusätzlichem Geld gedruckt werden, der Wohlstand breiter Gesellschaftsschichten ansteigt, weil die Preise für Güter und Dienstleistungen tendenziell fallen. Dadurch profitieren viele vom Wohlstand, nicht nur wenige, wie in einem Papiergeldsystem. Vor allem die Schweizer Konsumenten hätten Vorteile gehabt. Die Importe wären billiger geworden, und was die Konsumenten dank einer starken Währung bei den Importen einsparen, können sie zum Kauf von zusätzlichen inländischen Produkten und Dienstleistungen verwenden. Kostet das Volltanken mit importiertem Benzin nur noch die Hälfte, geht man vielleicht öfter mal zum Essen aus oder investiert in ein unternehmerisches Projekt. Besonders die kleineren und mittleren schweizerischen Unternehmen hätten davon profitiert. Zudem wäre es, wie in Hartwährungsländern üblich, zu Kapitalimporten und Realinvestitionen gekommen. Kapitalinvestitionen und niedrigere Zinsen hätten die Schweiz noch weiter beflügelt.

Politik dagegen, auch Geldpolitik nicht, schafft keinen Wohlstand. Politik kann nur umverteilen. Eine Politik der Währungsabwertung zur Stimulierung der heimischen Wirtschaft begünstigt Exportunternehmen zulasten der übrigen Marktteilnehmer eines Landes, Unternehmen wie Private.

Ausschaltung von Währungskonkurrenz

So wie vor dem Fall des Eisernen Vorhangs der Westen in den Osten schauen und live beobachten konnte, dass Sozialismus nicht funktioniert und der Ostblock langsam, aber sicher in die Pleite rutscht, so könnte heute die ganze Welt auf die Schweiz blicken und feststellen, wie wohlhabend man werden kann, wenn man eine goldgedeckte Währung – also gutes Geld – hat und wenn Politiker haushalten müssen und keine Schulden machen können, als gäbe es kein Morgen.

Ähnliches wie die Schweiz musste auch Deutschland erfahren. Aus Äußerungen führender deutscher und französischer Politiker weiß man heute, dass Deutschland für die deutsche Einheit im Gegenzug die D-Mark und seine geldpolitische Souveränität opfern sollte. Die Deutsche Bundesbank mit ihrer geldstabilitätsorientierten Politik war anderen Nationen seit jeher ein Dorn im Auge. Wollte beispielsweise die französische Regierung einen stabilen Wechselkurs zur D-Mark, so musste sie ihre Zentralbank anweisen, nicht schneller an der Notenpresse zu kurbeln als die Bundesbank. Sie konnte ihre Staatsdefizite damit nicht mehr in dem Maße durch Geldproduktion finanzieren, wie sie es gerne wollte, sondern nur in dem Ausmaß der Bundesrepublik. Die Bundesbankpolitik schränkte so indirekt die Pariser Schuldenaufnahme und damit letztlich die französischen Staatsausgaben ein. Damit ist klar: Der Wunsch nach der deutschen Vereinigung war, so scheint es, für viele Zentralstaatspolitiker und Inflationisten, vor allem in Europa, *die* Gelegenheit schlechthin, einen Konkurrenten in Sachen Geld wie Deutschland zu entmachten.

Macht korrumpiert und absolute Macht korrumpiert absolut! Das wusste schon der Historiker Lord Acton (1834–1902). Daher lautet die politische Devise: Die eigene machtgefährdende Konkurrenz muss ausgeschaltet und Wettbewerb unterbunden werden – »Whatever it takes«, um in Mario Draghis Worten zu sprechen. Um den Bürgern die Fluchtmöglichkeiten aus Währungsräumen und politischen Einheiten zu erschweren, sollen diese möglichst großflächig organisiert werden, am besten global.

Auch wenn die selbsternannten Eliten spüren, dass bei den Menschen Skepsis vorhanden ist, hält sie das nicht auf. In einem ARD-Interview im Juni 2016 sagte der damalige Bundespräsident Joachim Gauck:

> *Die Eliten sind gar nicht das Problem, die Bevölkerungen sind im Moment das Problem, dass wir stärker wieder mit denen das Gespräch suchen. Habt ihr wirklich Angst, dass ihr nicht mehr Polen oder Briten sein könnt? Ist es so, dass man euch eure nationale Identität wegnimmt? […] Also um die Idee eines sich vereinigenden Europas zu schützen, ist es unbedingt notwendig, die*

> *zögernden Bevölkerungen mitzunehmen, und deshalb kann man mal eine Pause einlegen bei dem Beschleunigungstempo.*

Aber wem dient diese Politik eigentlich? Den Interessen der Menschen oder doch den Interessen politischer Eliten? Lassen wir einen ehemaligen Politiker zu Wort kommen, er muss es schließlich wissen. Thilo Sarrazin widmet in seinem Buch *Wunschdenken* der Politik ein eigenes Kapitel und schreibt:

> *Es ist unvermeidlich, dass der Politiker Interessen dient. Damit nimmt er zunächst nur seine Aufgaben wahr. Unvermeidlich ist auch, dass er bei allen seinen Handlungen an die Sicherung und den Ausbau seiner Macht denkt. Ohne über Macht zu verfügen, kann er ja keine Politik betreiben. Schließlich ist es unvermeidlich, dass er in vielen Fragen opportunistisch und wider besseres Wissen handelt, weil er Zusagen aus Tauschgeschäften einlöst, weil er bestimmte Verbündete nicht verprellen will, weil er unter Fraktions- und Gruppenzwang steht oder weil er ganz einfach an seinen eigenen langfristigen Vorteil denkt.*

Eine sehr realistische Betrachtungsweise, die Sarrazin hier an den Tag legt, und es drängt sich die Überlegung auf, ob es für die Menschen nicht besser wäre, sie würden mit mehr Vehemenz genau das Gegenteil von dem fordern, was Politiker und Regierungen anstreben. Also nicht *mehr* EU, sondern *weniger* EU. Nicht politische *Integration*, sondern politische *Dezentralisierung*, stattdessen *wirtschaftliche* Integration und wirklichen Freihandel, gerne global. Und nicht *staatliches* Papiergeld, sondern ein *wettbewerbliches* Geldsystem.

KAPITEL 6

Warum große Staaten aggressiver und kleine Staaten friedlicher sind

Vielleicht würde der Abbau von Handelshemmnissen weltweit den Weltfrieden stärker fördern als irgendeine politische Union von Völkern, die sich durch Handelsbarrieren abschirmt.

Frank Chodorov

Menschen wollen Frieden

Die allermeisten Menschen, die diese Welt bewohnen, sind *friedliebende* Menschen. Menschen, die in Freiheit ein zufriedenes, glückliches Leben führen möchten, gestaltet nach ihren ganz persönlichen Vorstellungen von Glück. Sie wollen einfach in Ruhe und Frieden leben. Daran sollte kein Zweifel bestehen.

Nur eine kleine Minderheit wird ihre Erfüllung darin finden, im Dauerstreit mit den Nachbarn zu leben. Ja, es gibt streitsüchtige Menschen, das ist richtig. Aber diese Querulanten sind die Ausnahme, und von »sich streiten« bis zu »anderen Gewalt antun« ist es ein bedeutender Schritt. Jemand kann sogar ein ganz besonders streitlustiger Zeitgenosse sein, was aber noch lange nicht heißt, dass er Gewalt einzusetzen bereit ist, um seine Ziele zu erreichen.

Auf den ersten Blick scheinen diese Aussagen die kriegerischen Auseinandersetzungen, Terrorakte und Brandherde auf der Welt zu verkennen – die aktuellen und die, die bereits Geschichte sind. Menschen kämpfen gegeneinander, tun sich unvorstellbare Grausamkeiten an und im schlimmsten Fall töten sie sogar einander. Alleine in den beiden Weltkriegen starben etwa 80 Millionen Menschen. Unzählige Familien und Existenzen wurden zerstört und zahllose Menschen aus ihrer Heimat vertrieben.

Waren noch im 19. Jahrhundert die Waffensysteme, verglichen mit heute, eher einfach und die Kriegsgewalt von Staaten auf die Soldaten des Gegners begrenzt, hat sich das im letzten Jahrhundert grundlegend geändert. Der Ökonom Murray N. Rothbard (1926–1995) schreibt in *Für eine neue Freiheit:*

> *[M]it dem Aufkommen der zentralisierten Staaten und der modernen Massenvernichtungswaffen wurde die Abschlachtung von Zivilisten genauso wie die Wehrpflichtarmee zum festen Bestandteil zwischenstaatlicher Kriegsführung.*

Vor allem das Kapitel zum Geldwesen sollte deutlich gemacht haben, dass es die im letzten Jahrhundert begonnene, sukzessive Loslösung des Geldes von jeglicher Sachwertbindung für Regierungen wesentlich einfacher gemacht hat, Krieg und vor allem lang andauernde Kriege zu führen. Denn die Finanzierung durch die Notenpresse und über höhere Staatsschulden verschleiern die wahren Kriegskosten. So hoben im August 1914 alle kriegführenden Staaten die Golddeckung ihrer Währungen auf.

Irgendwo auf dieser Welt herrscht *immer* Krieg. Die Menschen im Nahen Osten leiden schon seit Jahrzehnten mehr oder weniger unter Krieg. Die Ostukraine kommt nicht zur Ruhe. Und auch in Resteuropa herrscht nicht, wie Politiker immer behaupten, seit Jahrzehnten Frieden. Während der 1990er sind im jugoslawischen Bürgerkrieg weit über 100.000 Menschen umgekommen.

Politiker aller Parteien und aller Länder lassen keine Gelegenheit verstreichen, um die Menschen an die Grausamkeiten von Kriegen zu erinnern. Anschauungsmaterial hierfür haben sie leider zur Genüge an der Hand. Denn wenn Menschen um ihr Überleben kämpfen, gleich ob es sich um Zivilisten oder Soldaten handelt, begehen sie häufig unmenschliche und grausame Taten, nicht umsonst spricht man auch von der »Verrohung« der Menschen im Krieg. Kriege schaffen Momente, in denen Menschen häufig keine andere Wahl haben, als die sie von wilden Tieren unterscheidenden Charakterzüge abzulegen, um zu überleben. Wenn Eltern ihre Kinder oder Männer ihre Frauen und Familien beschützen wollen, sind sie meist zu allem bereit. Im Krieg werden die Regeln der Zivilisation von der Politik ausgesetzt, Tod und Zerstörung sind gesellschaftliches Ziel. Es kann darüber keine Diskussion geben: Jeder Versuch, alles Menschenmögliche sollte unternommen werden, dass Menschen solch grausame Erfahrungen erspart bleiben.

Regierungen beginnen Kriege, nicht die Bürger

Was Politiker dagegen nicht gerne erwähnen, ist, dass Kriege stets von Regierungen begonnen werden. »Einfache« Menschen beginnen keine Kriege, im Gegenteil, sie würden sie am liebsten sofort beenden.

In seinem bewegenden Buch *Silent Night* lässt der amerikanische Historiker Stanley Weintraub den deutschen Soldaten Carl Mühlegg schildern, wie dieser am Weihnachtsabend des Jahres 1914 an der Frontlinie einen kleinen Weihnachtsbaum durchs »Niemandsland trug – die Gewehre feuerten noch –, um den Waffenstillstand zu initiieren«. Er erzählt, dass das Gewehrfeuer ihn nicht abhielt, denn »schließlich war ich der Weihnachtsmann, mit einem geschmückten Baum in der Hand, wenn auch ... mit einem Gewehr über der Schulter und einer Tasche voller Munition!« Auf der anderen Seite angekommen, übergab Mühlegg einem britischen Hauptmann den kleinen Weihnachtsbaum.

Der zündete die Kerzen am Baum an und wünschte seinen Soldaten, der deutschen Nation und der ganzen Welt »Frieden, so wie es die Engel in ihrer Botschaft taten«. Gegen Mitternacht verstummten die Gewehre und die Soldaten beider Armeen vermischten sich inmitten des Niemandslandes zwischen ihren Stellungen. Mühlegg beschreibt das Ereignis mit Leidenschaft: »Niemals zuvor war ich mir über den Wahnsinn des Krieges bewusster. [...] Vierzehn Tage dauerte die Waffenruhe an. Wir waren einander freundlich gestimmt und der Grund dafür, dass wir begannen, wieder aufeinander zu schießen, lag darin, dass andere über uns bestimmt haben.«

Die »Anderen«, das waren Generäle und die dahinterstehenden Regierungen und Politiker. Die »Anderen«, vor allem die Politiker, befinden sich stets weit weg von der Front und den Gefahren, denen sich Soldaten und Zivilisten aussetzen müssen. Letztere sind es, die unendliches Leid zu ertragen haben oder vielleicht sogar sterben müssen – in sinnlosen Kriegen, die sie selbst niemals begonnen hätten.

Warum führen Nationen überhaupt Krieg gegeneinander? Wirft man einen Blick in die Geschichte, dann gingen Kriegen oft wirtschaftlich schwierige Zeiten voraus, so auch in Deutschland in der Zeit zwischen den Weltkriegen. Der Historiker Adam Fergusson schreibt in seinem Buch *Das Ende des Geldes*:

> *Wirtschaftliche Rettung war für die meisten Menschen zum vordringlichsten Bedürfnis geworden. Die Lebenshaltungskosten, die armseligen Löhne und erbärmlichen Gehälter hatten dazu geführt, dass sie sich von der Politik abwandten. Allein Hitler gelang es, sein Segel in jedem Wind auszurichten und die Mittelschicht zunehmend zum Nationalsozialismus zu bekehren.*

Fergusson zitiert auch ein Ratsmitglied der britischen Botschaft in Berlin, Joseph Addison, der das Unglück hatte kommen sehen und 1923 in einem Brief nach England schrieb:

> *Die Bevölkerung ist reif, um jedes System der Entschlossenheit beziehungsweise jeden Mann zu akzeptieren, der einen festen Willen demonstriert und mit lauter, kühner Stimme Befehle erteilt.*

Der österreichische Schriftsteller Stefan Zweig (1881–1942) brachte im Jahr 1939 zu Papier:

Nichts hat das deutsche Volk – dies muss immer wieder ins Gedächtnis gerufen werden – so erbittert, so hasswütig, so hitlerreif gemacht wie die Inflation.

Auch dem Krieg in Jugoslawien ging eine Hyperinflation und damit verbunden eine schwere Wirtschaftskrise voraus. Inflationen aber kommen nicht einfach so daher, wie Naturkatastrophen es tun. Inflationen sind *menschen*gemacht. Aber wiederum nicht von den »einfachen« Menschen, sondern von Politikern und Zentralbankern. So war auch der wirtschaftliche Niedergang Jugoslawiens keine Störung freier Märkte, sondern logische Folge jahrzehntelanger, verschwenderischer, sozialistischer Misswirtschaft, die mit immer neuen Schulden und Geld aus dem Nichts finanziert wurde. Mit dem fortschreitenden Verzehr des Kapitalstocks begannen die Verteilungskämpfe zwischen den einzelnen Teilrepubliken. Dass Jugoslawien ethnisch und damit kulturell so heterogen war, machte die Sache nicht einfacher. Haben dann noch besonders machtversessene Politiker wie der damalige serbische Präsident Slobodan Milošević das Sagen, braucht es häufig nur noch einen Funken zur Explosion, und das Töten beginnt.

Nach dem Ende eines Krieges sind die Verantwortlichen auf der Siegerseite meist noch immer im Amt, häufig auch in anderen regierungsnahen Institutionen, oder sie jetten um die Welt und halten hochdotierte Vorträge. Die *Schuld* für die Tragödien geben sie immer anderen. Fast könnte man meinen, »Politiker« sei ein Ausbildungsberuf, um die Fähigkeit zu erwerben, die Verantwortung für jegliches Dilemma, das sie anrichten, anderen in die Schuhe zu schieben. Oder haben Sie schon jemals einen Politiker vor ein Mikrofon treten sehen mit den Worten: »Wir haben einen schweren Fehler gemacht. Wir sind schuld, dass es zu dieser Katastrophe gekommen ist.«?

Sehr deutlich und eindringlich appelliert in diesem Zusammenhang der Autor und Nahost-Experte Michael Lüders in seinem Bestseller *Wer den Wind sät:*

> *Zeigen wir Härte denen gegenüber, die unsere Freiheit missbrauchen. Dazu gehören auch und vor allem diejenigen, die Wind säen und Sturm ernten, nicht allein im Orient. Der richtige Ort für sie ist der Internationale Strafgerichtshof in Den Haag. An dem Tag, an dem dort Anklage gegen die großen Verderber und Schreibtischtäter erhoben wird, oder wenigstens doch gegen einige von ihnen, allen voran George W. Bush, Dick Cheney, Tony Blair, Donald Rumsfeld, hätte sich die Wendung »westliche Wertegemeinschaft« tatsächlich mit Leben gefüllt.*

Blickt man näher auf die Kriege der letzten Jahrzehnte im Nahen und Mittleren Osten, drängt sich darüber hinaus sogar der Eindruck auf, dass Kriege meist aus wirtschaftlichen und machtpolitischen Interessen heraus geführt und mit Taktik und Kalkül die Drehbücher für das Schicksal ganzer Nationen geschrieben, langfristige geopolitische Pläne geschmiedet und im Vorfeld schon die Sündenböcke ausgesucht werden. Einzeltragödien werden als »Kollateralschäden« verbucht. Wenn Jahrzehnte später dann Revisionisten die Wahrheiten ans Tageslicht bringen, erscheinen vielleicht noch einige aufklärende Bücher oder Zeitungsberichte darüber, aber die Geschichtsbücher werden selten umgeschrieben. Zumindest nicht die für den Schulunterricht. Denn die genehmigen die Politiker.

Wenn sich Regierungschefs bei Gedenkfeiern für Kriegsopfer regelmäßig theatralisch in die Arme fallen und mahnende Worte an ihre Bürger richten, dann sollten sie sich daran erinnern, dass es ihre Vorgänger im Amt waren, die ihren

Soldaten befahlen, gegeneinander in den Kampf zu ziehen. Ihre Bürger sind von Natur aus fast ausnahmslos friedliebend. Sie fahren in ihre Nachbarländer, um dort die schönsten Wochen des Jahres zu verbringen, und immer mehr junge Menschen absolvieren einen Teil ihres Studiums an einer ausländischen Universität. Studenten aus dem Ausland feiern mit ihren Kommilitonen schon nach kurzer Zeit Arm in Arm. Aber nicht, um anschließend Fotos davon der ganzen Welt zu präsentieren, sondern einfach nur so, weil sie sich mögen.

Große Staaten sind gefährlicher als kleine

Was aber lässt sich tun? Was können die Menschen dagegensetzen, wenn die »große« Politik beschließt, einen kalten Krieg zu führen, mit den Säbeln zu rasseln, andere Nationen zu provozieren, und am Ende einen Krieg anzettelt? Sind die Menschen nicht zur Ohnmacht verdammt? Regierungen abwählen? Es kommt doch nichts Besseres.

Einen ersten Lösungsansatz liefert uns Ludwig Erhard (1897–1977). In einer Rede in Stockholm im Jahr 1963 erklärte er:

> *Es wäre aus meiner Sicht wenig glücklich, wenn wir die Welt wieder in sogenannte »Großräume« aufspalten wollten, die in sich selbst Genüge zu finden versuchten. Das würde die Spannungen selbst innerhalb der freien Welt noch verstärken. Eine Vielzahl von Nationalstaaten mag im Widerstreit der Interessen zu Reibungen, zu Spannungen und, wie wir erfahren haben, selbst zu kriegerischen Verwicklungen führen. Aber je mehr grö-*

ßere wirtschaftliche und politische Räume mit Machtanspruch auftreten, umso gefährlicher werden zwangsläufig die Gegensätze, wenn auch nicht von Anfang an der Wille zur Verständigung, zur Versöhnung und zur Zusammenarbeit lebendig ist.

Der Ansatz Erhards steht diametral den aktuellen Bestrebungen der Politik für eine tiefere, politische Integration Europas gegenüber. Würden die »Vereinigten Staaten von Europa« Realität, dann würden an einem Betrachter auf der nördlichen Erdhalbkugel eines Globus nur noch drei große Staatsgebilde vorüberziehen (vom politisch eher unbedeutenden Kanada abgesehen): die USA, Russland und ein vereinigtes Europareich. *Groß*mächte aber werden nie aufhören, Macht zu demonstrieren und ihre Machtansprüche geltend zu machen. Das lässt sich seit einigen Jahren – nachdem mit dem Zusammenbruch der Sowjetunion der Kalte Krieg als beendet betrachtet wurde – wieder mehr als deutlich beobachten.

Wenn Ludwig Erhard von einer »Vielzahl von Nationalstaaten« spricht, werden ihn viele Politiker – auch die, die ihn immer dann zitieren, wenn es ihnen in den Kram passt – für nicht mehr auf der Höhe der Zeit halten. Genauso wie die Politik den Bürgern einreden will, in einer globalisierten Welt könne man wirtschaftlich nur noch ab einer bestimmten Größe bestehen, so heißt es auch, eine Nation – auf sich allein gestellt – könne den Gefahren und Bedrohungen durch Krieg und Terror unmöglich trotzen und sich beschützen. Wieder fragen wir: Wie konnten die Menschen in der Schweiz, in Liechtenstein oder in San Marino nur die beiden Weltkriege überleben? Und wieso schlägt der Islamische Staat nicht in den kleinen schutzlosen Staaten zu? Vielleicht, weil sie sich keine Kampfjets leisten können oder wollen, um damit Ziele in Syrien, Irak oder Afghanistan zu bombardieren?

Hat Ludwig Erhard vielleicht doch recht und der Schlüssel zur Lösung und Vorbeugung von Konflikten und Aggression liegt erneut in der *Kleinheit* statt in der *Größe*? Das wollen wir nun untersuchen. Um möglichen Einwänden gleich entgegenzutreten: Ja, es wird immer Machthaber geben – auch in kleinen Ländern –, die ihrem Namen in negativem Sinne alle Ehre machen, also ihre *Macht* ausdehnen wollen und dafür bereit sind, *alles* zu riskieren, koste es auch das Leben und das Eigentum ihrer Bürger.

Beispiele in der Geschichte gibt es zur Genüge. Daher sind Landesgrenzen auch sehr wichtig. Je enger sie gezogen sind, umso besser. Schlimm genug, wenn ein Despot seine eigenen Bürger drangsaliert. Aber Landesgrenzen zeigen glücklicherweise auch Politikern Grenzen auf. Und je näher eine Grenze, umso leichter ist es für die Bürger, unliebsamen Machthabern zu entkommen.

Selbst für den Fall, dass beispielsweise in Liechtenstein kein umsichtiger, friedliebender Monarch mehr, sondern ein Despot an der Macht wäre – müssten die Bewohner Baden-Württembergs wirklich Angst haben, von einer Armee aus Liechtenstein überrannt zu werden? Oder bestünde gar die Gefahr, dass Liechtenstein zur Atommacht wird? Mit einem Staatshaushalt von deutlich unter einer Milliarde Schweizer Franken? Eher nicht.

Vielmehr muss ein kleines Land von Natur aus eher freundschaftlich denn aggressiv gestimmt sein. Ein kleines Land, das unmöglich alle benötigten Güter und Dienstleistungen selbst herstellen kann, ist auf gute Beziehungen zu seinen Nachbarn und anderen Nationen angewiesen, sollen seine Bewohner nicht darben oder gar Hunger leiden, wie es beispielsweise in Nordkorea der Fall ist.

Gute Beziehungen lassen sich neben guten Handelsbeziehungen auch dadurch pflegen, dass man sich aus den Angelegenheiten anderer heraushält. Glauben Sie, Ihre beste Freundin oder Ihr bester Freund würden es sich auf Dauer gefallen lassen, wenn Sie sich ständig besserwisserisch in ihre Angelegenheiten einmischen? Wenn Sie um Rat gefragt werden, natürlich, dann sollten Sie versuchen zu helfen. Aber ungefragt und notorisch ist ein solches Verhalten für eine Freundschaft äußerst kontraproduktiv. Sie möchten doch auch nicht, dass sich Ihr Nachbar in die Art und Weise einmischt, wie Sie Ihre Kinder erziehen, oder?

Auf die Staatenlandschaft übertragen bedeutet das – wie in der Wirtschaft – »laissez faire«, jedem das seine. Was hat die versuchte Zwangsbeglückung mit Demokratie den Menschen im Mittleren Osten oder den an das Mittelmeer angrenzenden Staaten Nordafrikas denn gebracht? Demokratie? Frieden? Nein. Im Gegenteil: Unruhen und Terror waren das Resultat. Und noch nie da gewesene, unbeherrschbare Flüchtlingsströme in Richtung Europa.

Wie lässt es sich nun erreichen, dass man politische Führer und Regierungen an die kurze Leine legt, um Schäden möglichst gering zu halten, falls die »Falschen« an die Macht gelangen? Das kann nur funktionieren, wenn das Staatsgebiet, über das sie herrschen, möglichst klein ist. Der Despot eines *kleinen* Landes kann folglich durch Aggression gegenüber Nachbarstaaten auch nur *kleinen* Schaden anrichten. Es fehlen ihm alleine schon die Mittel, eine mächtige, erstklassig ausgestattete, stehende Armee, modernste Waffensysteme und Massenvernichtungswaffen zu finanzieren. Eine Infrastruktur, um moderne Jagdbomber zu erhalten, könnte sich Liechtenstein nicht leisten. Wozu braucht Liechtenstein auch eine Luftwaffe oder gar einen Flugzeugträger? Ziehen hingegen große Staaten in den Krieg oder mischen sich in die Angelegenheiten anderer Nationen ein, ist ihre Vernichtungskraft gewaltig. Es ist damit zu rechnen, dass die Opferzahlen höher sind und die Auseinandersetzungen länger andauern.

Folgt man der Argumentation der Großstaatenvertreter, müssten kleinere Nationen mehr Geld pro Kopf auf ihre Verteidigung verwenden, um den größeren Staaten militärisch Paroli bieten zu können. Schließlich könnten letztere ihre Größenvorteile gegen erstere ausspielen. Die kleinen Staaten müssten sich mehr um ihre Sicherheit und Verteidigung sorgen als die großen. Dass das Gegenteil der Fall ist und es nicht um Verteidigung, sondern um Macht geht, zeigt ein Blick auf die Militärausgaben des Jahres 2015 ausgewählter Länder. Zur besseren Vergleichbarkeit sind die Zahlen alle in US-Dollar angegeben; die Angaben stammen vom Friedensforschungsinstitut Sipri in Stockholm. Demnach gab die Schweizer Regierung etwas über 5 Milliarden US-Dollar für die Landesverteidigung aus. Das sind 609 US-Dollar für jeden Schweizer. Bei der Atommacht Frankreich lag der Etat für das Militär in besagtem Jahr immerhin bei knapp 61 Milliarden US-Dollar, damit bei 944 US-Dollar pro Kopf und somit fast 49 Prozent mehr als für einen Schweizer.

Der Militäretat der Großmacht USA betrug im Jahr 2015 unglaubliche 595 Milliarden US-Dollar. Auf jeden US-Amerikaner kommen somit sagenhafte 1.850 US-Dollar an Militärausgaben, also mehr als doppelt so viel, wie die französische Regierung, und dreimal so viel, wie die Schweizer Regierung pro Kopf ausgibt. Wo bleiben hier die Größenvorteile, die sogenannten Skaleneffekte? Bei Militärausgaben in Bezug auf die Größe einer Nation scheinen eigene Gesetze zu gelten.

Würde man den Schweizer Etat zur Landesverteidigung dann noch auf möglicherweise politisch selbstständige Kantone – es sind 26 an der Zahl – herunterbrechen, wären das zwar immer noch etwa 192 Millionen US-Dollar je Kanton, aber militärisch lässt sich damit »kein Blumentopf gewinnen«. Und das ist gut so.

Ein Gedanke, der sich ebenfalls aufdrängt: Was würden wohl die Bürger eines Landes mit einem vergleichsweise hohen Militäretat dazu sagen, wenn es für das Militär niemals irgendwelche Einsätze gäbe, die Soldaten also in den Kasernen säßen, vielleicht ab und zu ein Manöver abhielten, aber ansonsten nur Steuergelder verbrennen würden? Das wäre genauso, als würde in einer 500-Seelen-Gemeinde eine Feuerwache mit fünf Löschfahrzeugen vorgehalten, obwohl es vielleicht einmal im Jahr irgendwo im Ort brennt. Man muss kein Verschwörungstheoretiker sein, um auf den Gedanken zu kommen, dass ein von der Dimension her über die Landesverteidigung hinausgehender Militärapparat ab und zu auch einen Einsatz braucht, um Argumente für seine Daseinsberechtigung zu liefern. Und wenn es nur um angebliche friedensichernde Maßnahmen am Hindukusch geht.

Leopold Kohr formuliert diesen Zusammenhang provokativ:

> *Ein Heer, das so sorgfältig und so eifrig in Bewegung gehalten wird, muss letztlich einmal zum Einsatz gebracht werden, auch wenn ursprünglich durch seine Aufstellung nur eine verhältnismäßig billige Arbeitsbeschaffung bezweckt war. Dies ist noch daran erkenntlich, dass die Löhnung des gemeinen Soldaten bis zum heutigen Tag mehr der Erwerbslosenunterstützung angeglichen ist als den üblichen Fertigungslöhnen. Trotzdem muss es ab und zu eingesetzt werden, sei es auch nur aus der Besorgnis*

heraus, dass ihre Angehörigen sonst ihre Selbstachtung verlieren könnten, wenn sie endlich merken, dass sie nichts weiter sind als die zu nichts Besserem verwendbaren Löcherbuddler und Löcherfüller der Gesellschaft.

Kleine Staaten sind friedlicher als große

Großstaaten sind wie Elefanten in Porzellanläden – es wird auf jeden Fall gefährlich, selbst ohne böse Absicht. Sie müssen nur das Gleichgewicht ein wenig verlieren oder einmal der Versuchung erliegen, »große Politik« machen zu wollen. Klein dagegen ist fein und friedlich. Dafür gibt es gute Gründe. Ein dem französischen Ökonomen und Politiker Frédéric Bastiat (1801–1850) zugeschriebener Ausspruch bringt es auf den Punkt: *Wenn Waren nicht Grenzen überqueren, werden es Soldaten tun*. Der Grund, warum kleinere Staaten friedensschaffend sind, liegt genau in diesem Satz verborgen. Kleine Staaten *müssen* eine Politik offener Grenzen verfolgen. Ein Krieg behindert und unterbricht den freien Warenverkehr. Und der Warenverkehr ist für kleine Länder in der heutigen Zeit überlebenswichtig. Autarkie ist keine Option. Sie können nicht alles selbst produzieren, sie müssen importieren, von ihren Nachbarn wie aus weiter entfernten Ländern. Sie müssen sich dem Freihandel verschreiben. Kleinstaaten sind auf einen ungestörten Handel viel stärker angewiesen als Großstaaten, in deren ausgedehnten Territorien viele Güter einigermaßen effizient produziert werden können. Liechtenstein hat kein Öl, Gas und keine Kohlevorkommen, keine Autofabriken oder ausgedehnte Fischfanggebiete. Russland und die USA schon. Großreiche können es sich daher eher leisten, sich in einem Krieg abzuschotten.

Der allgemeine und für heutige Kleinstaaten obligatorische Freihandel ist dem Frieden zuträglich. Denn Freihandel ermöglicht es, an wichtige Güter durch freiwilligen Tausch zu kommen. Sind hingegen die Grenzen geschlossen und der Zugang zu lebenswichtigen Rohstoffen versperrt oder bedroht, dann setzten sich in der Vergangenheit in der Tat vielmals Soldaten in Bewegung. Kleine Staaten machen also die Welt friedlicher.

Mit den großen Staaten verbunden ist die große Politik – die Weltpolitik. Das ist der Anspruch von Großmächten und diesen Anspruch entwickelt auch die EU, die sich auf Augenhöhe mit Russland, China und vor allem den USA sehen will. Mit der Weltpolitik aber kommen neue Probleme, die sich in den kleinen Staaten gar nicht stellen. Die politischen Führer von Großmächten haben die Gelegenheit und oft auch das Verlangen, in die Geschichtsbücher einzugehen. Und plötzlich mischt man sich am anderen Ende der Welt in die Angelegenheiten gänzlich unbekannter Menschen. So sind diejenigen US-Präsidenten, die ihr Land nicht in Kriege hineingedrängt haben, in der Regel unbekannter als »Kriegspräsidenten« und gelten in der historischen Betrachtung oftmals sogar als schwache Präsidenten.

Könnten Sie sich vorstellen, eine Bombe auf das Haus Ihres Nachbarn zu werfen? Absurde Vorstellung! Was wir unseren Nachbarn nie antun würden, das geschieht jedoch tagtäglich – wenn bloß genug Entfernung dazwischenliegt. Da benutzt das US-Militär von Amerika aus ferngesteuerte Drohnen, um Menschen in einem Haus auf der anderen Seite der Erdkugel zu bombardieren. Menschen, die sie nie gesehen haben oder lebendig sehen werden, mit denen sie ökonomisch nicht verbunden sind und deren Sprache oder Kultur ihnen fremd ist. Es scheint: Die Hemmschwelle der Gewalt sinkt mit der Entfernung *vom* und der Fremdheit *zum* Opfer. Daraus folgt: Je kleiner die Staaten, desto ähnlicher, vertrauter, ökonomisch abhängiger und kulturell integrierter sind tendenziell die Nachbarstaaten. Das macht sie friedfertiger als die Riesenstaatsgebilde, die über den ganzen Globus hinweg Weltpolitik betreiben.

Diskriminierung von Minderheiten

In Großstaaten erwächst ein weiteres Problem. Wie wir schon gesehen haben, haben Menschen unterschiedliche Ziele und Werte im Leben. In kleinen Gemeinschaften, in der Familie, in der Gemeinde, vielleicht sogar noch in der Region lässt sich einigermaßen problemlos ein Ausgleich finden. Je größer die Staatsgebilde jedoch werden, desto schwieriger wird es, die heterogenen Interessen der Bürger unter einen Hut zu bringen. Dann entstehen die sogenannten »Minderheiten«, die ihre Bedürfnisse nicht mehr vertreten sehen, die »diskriminiert« werden, die vielleicht eine andere Unterrichtssprache oder Kleiderordnung an den Schulen wollen, andere Feiertage begehen möchten oder sich einfach einen gleichberechtigten Zugang zur der Macht wünschen. Die Diskriminierung von Minderheiten wird zur Quelle von Konflikten und sogar Kriegen, wenn sich andere Mächte einmischen.

Im 19. Jahrhundert diskriminierte die preußische Regierung die polnische Minderheit auf ihrem Staatsgebiet, indem sie versuchte, Deutsch als Unterrichtssprache durchzusetzen. Das war der Harmonie zwischen Deutschen und Polen nicht gerade zuträglich. Ein weiteres Beispiel liefert die Diskriminierung der sudetendeutschen Minderheit in der Tschechoslowakei nach dem Ersten Weltkrieg. Die Benachteiligung deutscher Unternehmen bei Regierungsaufträgen, die Schließung deutscher Schulen und die Verdrängung sudentendeutscher Beamter aus dem öffentlichen Dienst lieferte Adolf Hitler einen Vorwand, militärisch einzuschreiten. Im polnischen Korridor kam es ebenfalls zu einer Politik der »Entdeutschung.« Hitler rechtfertigte seinen Angriff auf Polen auch mit dem Schutz der deutschen Minderheit und löste damit den Zweiten Weltkrieg aus. Es gilt: Hat jede Minderheit ihren eigenen Staat, verringert sich das Konfliktpotenzial. Und je größer die Staaten, desto wahrscheinlicher, dass sie Minderheiten einschließen, deren Wünsche durch die Zentralregierung nicht respektiert werden. Diese Unterdrückung von Minderheiten gefährdet den Frieden.

Schutz der Bevölkerung durch die Regierung?

Schätzungen der Opferzahlen des Zweiten Weltkriegs gehen teilweise weit auseinander und liegen bei 50 bis 65 Millionen Toten. Von ihnen fiel aber nur ein Teil in direkten Kämpfen. Bei der Mehrheit der Opfer handelte es sich um Zivilisten, die abseits der Schlachtfelder getötet wurden: durch Völkermord und Kriegsverbrechen, Hunger und Seuchen. Tatsächlich sind Kampfhandlungen an sich nicht die größte Gefahr für die Menschen im 20. Jahrhundert gewesen. Die größte Gefahr ist letzten Endes seit jeher der Staat – sei es der eigene oder ein fremder.

Der US-amerikanische Politikwissenschaftler R. J. Rummel (1932–2014) schätzt in seiner monumentalen Studie *Death by Government* die Zahl der zwischen 1900 und 1987 durch Regierungen getöteten Menschen auf ungeheure 170 Millionen. Diese Zahl liegt weit höher als die Zahl der Kriegstoten, die Rummel auf 34 Millionen im gleichen Zeitraum schätzt. Diese 170 Millionen Menschen starben durch Völkermord, undifferenzierten Massenmord oder politische Verfolgung – erschossen, erstochen, verbrannt, ertrunken, erhängt, lebendig begraben, zu Tode gefoltert, gehungert oder gearbeitet. Hilflose Bürger und Ausländer.

Wer führt die Liste des politischen Massenmords an? Richtig, die Riesenstaaten. Einsam an der Spitze die Sowjetunion, die – Durchschnittsschätzungen zufolge – knapp 62 Millionen Menschen im untersuchten Zeitraum ermordet hat. Auf Platz 2 folgt das kommunistische China mit etwa 35 Millionen Menschen der eigenen Bevölkerung (1949–87). Auf das Konto der nationalsozialistischen Massenmörder gehen etwa 21 Millionen Menschen. Auf Platz 4 liegt wiederum China mit 10 Millionen Opfern während der Zeit des nationalistischen Regimes von Chiang Kai-shek (1928–49). Es folgen die Großstaaten Japan (1936–45), China (1923–49; mit den auf das Konto der Maoisten gehenden Bürgerkriegsopfern), Kambodscha (1975–79), das Osmanische Reich (1909–18), Vietnam (1945–87), Polen (1945–48), Pakistan (1958–87) und Jugoslawien (1944–87), die zusammen geschätzte 19 Millionen Tote auf ihrem Gewissen haben. Von Kleinstaaten keine Spur. Auch auf der Liste der mörderischsten Regime, welcher der prozentuale, pro Jahr ermordete Bevölkerungsanteil zugrunde liegt, sind Kleinstaaten Fehlanzeige. Hier führt das Regime der Roten Khmer vor der Türkei Atatürks, Jugoslawien und Nachkriegspolen. Kein Singapur, kein Hongkong, kein San Marino, kein Liechtenstein, keine Schweiz.

Die größte Gefahr für Leben und Gesundheit sind im 20. Jahrhundert Großstaaten gewesen. Und wieso morden die Regierungen von Kleinstaaten nicht ihre Bevölkerung im großen Stil? Kleine politische Einheiten können einfach nicht so brutal gegen ihre eigene Bevölkerung vorgehen wie Riesenreiche. Sie würden sich sofort entleeren. Weil sie nicht alles selbst produzieren können, müssen Kleinstaaten eine gewisse Offenheit gegenüber dem Rest der Welt herstellen. So sind ihre Grenzen offen und nah.

Die Verteidigung kleiner Staaten

Wenn man sich kleine und kleinste politische Einheiten vorstellt, wie wir sie in den Kapiteln zuvor beschrieben haben, werden Kritiker argumentieren, für Länder in der Größenordnung wie beispielsweise San Marino sei es utopisch, eine eigene Armee zu unterhalten – sei es auch nur für Verteidigungszwecke. Das ist natürlich richtig, daher besitzt San Marino auch keine Armee, sondern nur eine zeremonielle Garde, und hat ein Abkommen mit Italien geschlossen, das die Verteidigung San Marinos garantiert. Island hat ebenfalls keine eigene Armee und ist mit der NATO ein Verteidigungsbündnis eingegangen. Als Gegenleistung verpachtet das Land eindeutig definierte Gebiete kostenlos an die NATO, wo Truppenübungen durchgeführt werden können. Auch Monaco hat kein Militär und wie San Marino nur eine Schlossgarde, die mehr oder weniger als Touristenattraktion dient. Die Verteidigung Monacos wird im Ernstfall von Frankreich übernommen. Und die Insel Mauritius hat ebenfalls kein Militär, nur eine Spezialeinheit und eine Küstenwache.

Bei all den genannten Beispielen sollte übrigens auffallen, dass sich keines dieser Länder in der Vergangenheit in irgendeiner Form aggressiv gegenüber anderen Nationen gezeigt hätte. Warum? Sie können es sich überhaupt nicht leisten. Einerseits, weil sie zu schwach dafür wären, und andererseits, weil sie auf andere Nationen als Handelspartner angewiesen sind. Und weil sie nicht so enden wollen wie Nordkorea.

Wie aber lässt sich dem Argument begegnen, die Bedrohung der heutigen Welt könne ein kleines Land alleine nicht mehr meistern? Wir können an dieser Stelle in die Geschichte zurückblicken, genauer auf die Hanse. Vom 12. bis zum 17. Jahrhundert organisierten zahlreiche Städte gemeinsam im Verbund ihre Verteidigung und waren damit äußerst erfolgreich. Immerhin überstand die Hanse fünf Jahrhunderte und existierte damit länger, als es die Vereinigten Staaten bisher gibt.

Unter den Mitgliedern der Hanse waren Städte wie Lübeck, Hamburg, Bremen, Stralsund, Rostock, Wismar, Köln, Dortmund, Lüneburg, Münster, Danzig, Greifswald, Braunschweig und viele mehr. Im Ernstfall kooperierten sie auch militärisch und besiegten mehrmals den König von Dänemark, der ihre Rechte einschränken wollte. Vor allem arbeiteten sie politisch und wirtschaftlich zusammen, blieben dabei jedoch vollkommen unabhängig. Die Hanse stellte kein Monopol dar, bei dem irgendeine Art von Pflichtmitgliedschaft oder eine Verpflichtung bestand, bestimmte Dienstleistungen in Anspruch zu nehmen. Die Kultur blühte und durch ihren Freihandel erlangten viele ihrer Mitglieder großen wirtschaftlichen Reichtum, der sich noch heute an prachtvollen Bauwerken in den ehrwürdigen Hansestädten ablesen lässt. Was spricht dagegen, diese großartige Hansetradition heute wiederzubeleben? Mit politisch unabhängigen Städten wie Lübeck, Bremen, Wismar, Rostock etc.?

Kritiker unserer Theorie werden wohl argumentieren, der Vergleich sei »mittelalterlich«, und nicht übertragbar auf unsere globalisierte Welt mit all ihren Gefahren und Bedrohungen. Aber wer würde heute in ein unabhängiges Münster oder Stralsund einmarschieren?

Wir wollen uns des Beispiels der Hanse gar nicht weiter bedienen, nur so viel sei gesagt: Der Verbund zahlreicher Städte bot eine schlagkräftige Verteidigung im Falle eines Angriffes. Das galt auch für den Süddeutschen Städtebund, der aus 89 Städten bestand und bei Bedarf eine Truppe von 10.000 Soldaten auf die Beine stellen konnte. Der Rheinische Städtebund des 13. Jahrhunderts mit 59 Städten – unter ihnen Mainz, Worms, Basel, Straßburg, Frankfurt, Speyer, Aachen, Duisburg – kooperierte ebenfalls militärisch und unterhielt eine eigene Rheinflotte. Der 1379 unter der Führung Ulms geschlossene Schwäbische Städtebund, der Allianzen mit dem Süddeutschen Städtebund und den Schweizer Reichsstädten einging, zeigt ebenfalls, wie sich unabhängige Städte militärisch zusammenschließen können.

Auch in der jüngeren Geschichte findet sich ein Beispiel, wie sich Städte und Regionen zu Verteidigungsbündnissen zusammenschlossen: der Deutsche Bund. Er existierte von 1815 bis 1866. An dieser Stelle alle seine Mitglieder aufzuzählen würde den Rahmen dieses Buches sprengen. Nur so viel: Neben dem Kaisertum Österreich gehörten ihm auch die Königreiche Preußen, Bayern, Sachsen, Hannover und Württemberg sowie weitere Fürsten- und Herzogtümer und freie Städte an. Es gab keine Pflichtmitgliedschaft und so kamen im Laufe der Jahre Mitglieder hinzu, während andere den Bund verließen. Das Bundesheer, das aus Kontingenten der einzelnen Mitglieder bestand, war so organisiert, dass es verteidigungsfähig, aber nicht angriffsfähig war. Der Hauptzweck des Bundes bestand möglicherweise auch darin, eine funktionierende Verteidigung gegen das große und zentralisierte Frankreich zu gewährleisten.

Aber Kritiker würden auch diese Beispiele vom Tisch fegen wollen, weil doch die Herausforderungen durch die Globalisierung und die Terrorgefahr hinzugekommen sind.

Orientieren wir uns daher an der Art und Weise, wie Schutz in anderen Bereichen, denen wir *täglich* begegnen, in denen den Menschen *auch* Gefahr für Leib, Leben und Eigentum droht, organisiert wird. Betrachten wir zu diesem Zweck die Organisation von Polizei oder Feuerwehren. Aufgaben sowohl von Polizei als auch Feuerwehren und Technischem Hilfswerk sind die *Abwehr* von Gefahren und der Schutz der Bürger, nicht die Aggression. So finden sich in kleinen Gemeinden von 1.000 Einwohnern auch nur selten Polizeidienststellen, weil sie dort schlicht und einfach nicht erforderlich sind. Gleiches gilt für die Organisation von Feuerwehren. Eine eigene Feuerwehr zu unterhalten macht erst ab einer bestimmten Größe einer Gemeinde oder Stadt Sinn. Und selbst wenn eine Gemeinde eine kleine Feuerwehreinheit unterhält, heißt das noch lange nicht, dass sie mit jedem Bedrohungsszenario fertigwerden müsste. In solchen Situationen kommen Feuerwehren aus Nachbarorten zu Hilfe oder es eilen Feuerwehren mit Spezialausrüstung herbei, beispielsweise mit Atemgeräten bei einem Großbrand in einer Chemiefabrik oder mit Rettungsscheren bei Verkehrsunfällen. Auch Polizeikräfte werden dann an einem Ort zusammengezogen, wenn die dortigen Beamten zahlenmäßig unterbesetzt oder technisch überfordert sind.

Übertragen auf ein Szenario mit kleinen und kleinsten politischen Einheiten könnte sich beispielsweise das Bundesland Bayern, nachdem es sich von der Bundesrepublik Deutschland gelöst hätte – die Bayerische Verfassung ist als Verfassung eines Vollstaates formuliert – zum Zwecke der gemeinsamen Verteidigung mit der Schweiz zusammentun. Auch wenn Bayern natürlich ein eigenes Heer unterhalten könnte, könnten beide Länder diese Aufgabe auch gemeinsam organisieren und so Synergieeffekte nutzen. Der Schweizer Verteidigungsetat beläuft sich auf 4,6 Milliarden Euro. Ist es realistisch, dass Bayern einen derartigen Betrag stemmen könnte, um ein gemeinsames Militär zu finanzieren, dessen einzige Aufgabe es wäre, die Menschen zu schützen, aber sich keinesfalls in anderer Länder Angelegenheiten einzumischen? Woher Bayern das Geld nehmen könnte? Nun, das sollte keine Probleme bereiten, wenn man bedenkt, dass der Freistaat im Jahr 2015 allein 5,5 Milliarden Euro in den Länderfinanzausgleich einzahlen musste. Mit anderen Worten: Die Zahlung in den Länderfinanzausgleich übersteigt den gesamten Schweizer Militärhaushalt um etwa 20 Prozent. Doch das ist noch nicht alles. Denn bei einer Selbstständigkeit könnte Bayern ja auch über andere Steuern selbst verfügen. Nach Artikel 106 Absatz 3 Grundgesetz erhalten Bund und Länder jeweils 42,5 Prozent des Aufkommens an Lohnsteuer und an veranlagter Einkommensteuer (die restlichen 15 Prozent gehen an die Kommunen). Im Jahr 2015 waren das 18,4 Milliarden Euro. Das bedeutet, dass Bayern – sollte es sich von der Bundesrepublik Deutschland lösen – über den Bundesanteil in Höhe von 18,4 Milliarden selbst verfügen könnte. Addiert man die 5,5 Milliarden hinzu, die Bayern in 2015 als Länderfinanzausgleich bezahlen musste, kommt man auf Mehreinnahmen in Höhe von 23,9 Milliarden Euro. Potenzielle Mehreinnahmen aus der Umsatzsteuer lassen wir hier sogar außer Acht. Deren Verteilung ist durch ein Bundesgesetz geregelt und variiert von Zeit zu Zeit. Wir wollen hier auch nicht schönrechnen, denn sicher kämen auf Bayern im Falle der Selbstständigkeit Ausgaben zu, die gegenwärtig der Bund übernimmt. Jedoch scheint eine eigene schlagkräftige Armee oder gemeinsame Verteidigung mit der Schweiz bei Mehreinnahmen von fast 24 Milliarden Euro keine Unmöglichkeit. Es bliebe sogar sehr wahrscheinlich noch Luft für saftige Steuersenkungen. Anstatt also erst die Mittel via Finanzausgleich und Steuern an den Bund abzuführen, damit Berlin hiermit die Bundeswehr finanziert, um die bayerische Freiheit am Hindukusch zu verteidigen und nach der Öffnung der bayerischen Grenzen im Syrienkrieg mitzumischen, könnte Bayern genauso gut selbst das Geld für seine Verteidigung in die Hand nehmen.

Bayern könnte durch eine Abspaltung von der Bundesrepublik also mehrere Fliegen mit einer Klappe schlagen: seine mit dem Eintritt in den zentralistischen Einheitsstaat des neuen Deutschen Reiches im Jahr 1871 verloren gegangene Souveränität zurückgewinnen, die Landesverteidigung selbst organisieren und sogar noch die Steuern senken, was weitere Wohlstandszuwächse für die Bürger erwarten ließe. Eine Armee, die angriffsfähig ist, bräuchte Bayern nicht – wir unterstellen einfach einmal, dass eine bayerische Landesregierung nicht vorhätte, ihren Nachbarn Österreich zu überrennen. Und wenn die Österreicher glaubten, in Bayern einmarschieren zu müssen, und die bayrischen Soldaten überfordert wären, den Angriff abzuwehren, kämen eben die Schweizer zu Hilfe. Sie sind der Meinung, das wäre eine naive Vorstellung und der Bedrohung durch Terror wäre so nicht Herr zu werden? Gegenfrage: Wie viele Terroranschläge gab es bisher in Island, Liechtenstein, Andorra, Tirol, Vorarlberg, Bern, Aargau, Tessin ...?

Genau wie sich in einem freien Markt die Güterversorgung nach den Bedürfnissen und Präferenzen der Marktteilnehmer organisiert, würden sich kleine Nationen und politische Einheiten zusammentun, um ihre Verteidigung zu organisieren. So wie die Präferenzen und Bedürfnisse von Menschen sich unterscheiden, so unterschiedlich sind auch die Bedürfnisse von Nationen. Kleine politische Einheiten, die nach aktivem Warenaustausch mit anderen Nationen streben – ohne Zollschranken und andere Handelsbeschränkungen –, zeigen ohnehin keine Aggression ihren Nachbaren gegenüber. Ihr Schutzbedürfnis ist folglich weit geringer als das einer in der Weltpolitik überaktiven Nation, die den Anspruch hat, überall mit- oder sich einzumischen.

Wie auf einem freien Markt wären die Wahlmöglichkeiten entscheidend. Sähe Bayern im gemeinsamen Verteidigungsbündnis mit der Schweiz seine Vorstellung von Sicherheit nicht mehr erfüllt – aus welchen Gründen auch immer –, könnte es sich Tirol zuwenden, das heute ein Bundesland Österreichs ist. Oder Tirol, Bayern und die Schweiz organisierten ihren Schutz gegen mögliche Aggressoren gemeinsam. Der Phantasie sind keine Grenzen gesetzt. Und wenn eine Nation glauben würde, gar keines Schutzes zu bedürfen – auch gut. Liechtenstein beispielsweise verfügt weder über eine eigene Armee, noch existiert irgendeine Vereinbarung mit den Nachbarländern bezüglich eines Verteidigungsbündnisses.

Gefahren und Bedrohungen entstehen für ein Land meist erst durch Aggressivität anderen Nationen gegenüber und durch Einmischung in deren interne Angelegenheiten. Konsequente Neutralität, wie sie Liechtenstein praktiziert, und freundschaftliches, auf regen Warenaustausch abzielendes Verhalten reduzieren die Bedrohungslage und damit das Schutzbedürfnis und den Aufwand für eine Landesverteidigung. Nun könnte man einwenden: Aber was passiert mit einem kleinen Land, das einen militaristischen und aggressiven großen Nachbarn hat, den konsequente Neutralität und reger Warenaustausch wenig interessieren? Was zum Beispiel ist mit Russland als Riesennachbar der baltischen Staaten? Ja, keine Frage, das ist in der Tat ein großes Problem. Die NATO ist Russland entgegen aller Zusagen immer weiter auf die Pelle gerückt. Die Situation ist angespannt, auch wegen der russischen Minderheiten in diesen Ländern. Kleine Länder wie die baltischen Staaten würden wohl ein Verteidigungsbündnis eingehen *müssen*. Nicht nur untereinander, sondern auch mit anderen. Dabei werden sie sich eher einem stärkeren als einem schwächeren Bündnis zuwenden. Sie müssten zudem versuchen, ihre Minderheiten zufriedenzustellen, wenn nötig auch mit einer Sezession, also einer weiteren Verkleinerung. Allerdings wird der Riesennachbar einen Angriff zunächst gegenüber seiner eigenen Bevölkerung begründen müssen, was bei strikter Neutralität des kleinen Nachbarn und harmonischem Handel mit ihm nicht einfach ist. Aber wer weiß, möglicherweise ist der »russische Bär« ja auch viel friedlicher als gemeinhin angenommen und das Bild, das meist von ihm gezeichnet wird, wird seinem wirklichen Wesen gar nicht gerecht. Anstatt vor der russischen Haustür großangelegte Militärmanöver durchzuführen, sollte der Westen sich einfach an Russland herantrauen, ohne Armeen. Einen ehrlich gemeinten Versuch wäre es in jedem Fall wert.

Keinesfalls dürfte ein gemeinsames Verteidigungsbündnis in irgendeiner Form politisch sein. Es sollte sich ausschließlich auf militärische Verteidigungsaufgaben konzentrieren – sonst gerät der Frieden wiederum in Gefahr. Es müsste einem solchen Bündnis strikt untersagt sein, sich weder in interne Angelegenheiten seiner Mitgliedsländer noch in die von Nationen außerhalb des Bündnisses einzumischen. Die NATO, die nach dem Zweiten Weltkrieg als rein »kollektives Verteidigungsbündnis« gegründet wurde, hat sich im Laufe der Jahrzehnte gleichwohl verselbstständigt. Mittlerweile beansprucht sie für sich das Recht, selbst *ohne* ein Mandat der Vereinten Nationen (UN) in Krisengebieten zu intervenieren und in internationale Konflikte einzugreifen. »Friedensoperationen« nennt man diese illegalen Kriege dann. Mit bloßer *Verteidigung* hat das nichts mehr zu tun. Und mit dem stets bemühten Argument der Prävention allein lässt sich viel Unheil anrichten – und praktisch alles rechtfertigen. Nicht nur, dass präventive Ein- und Angriffe ungewollte Gegenreaktionen provozieren. Schon das *Herbeireden* von möglichen Bedrohungsszenarien erschwert jedwede Abrüstungsgespräche. Und Abrüstung muss das Ziel eines jeden friedliebenden Menschen sein – Abrüstung bis auf ein Niveau herab, das der eigenen Verteidigung Genüge tut.

Kritiker mögen es als Utopie abtun, die Welt von Kriegen befreien und friedlicher machen zu wollen. »Utopisch« ist ein Ziel in unseren Augen aber nur dann, wenn es theoretische Gründe dafür gibt, dass ein Ziel nicht realisierbar ist. Dass es praktische Widerstände gibt sowie politische und ökonomische Interessen, die einer friedlicheren Welt im Wege stehen, streitet niemand ab. Aber das bedeutet nicht, dass das Ziel unerreichbar ist. Wie wir gesehen haben, gibt es gangbare Wege, um politische Macht zu beschneiden, die in ihrer Dimension und durch ihren Missbrauch letztlich den Unterschied zwischen Krieg und Frieden ausmacht. Ein Weg hin zu einer friedlichen Welt sind kleinere politische Einheiten. Natürlich, es muss sich zunächst etwas in den Köpfen der Menschen ändern. Sie müssen zu der Überzeugung kommen, dass klein fein, effizient und friedlich ist. Und sie müssen ermutigt werden, nicht der politischen Propaganda zu erliegen, dass »Größe« heute alternativlos sei. Dazu möchten wir mit diesem Buch unseren kleinen Beitrag leisten.

Der Größe von Staaten kommt bei der Beschneidung politischer Macht *die* entscheidende Rolle zu und eine gegebene Größe ist nicht unveränderlich. Grenzen sind nicht gottgegeben und lassen sich auch auf friedlichem Wege verändern und neu ziehen. Wer weiß, wozu es geführt hätte, wenn die damalige Prager Regierung den slowakischen Unabhängigkeitsbefürwortern die Stirn geboten und auf Konfrontation gesetzt hätte. Anders als in Jugoslawien, nämlich klug und besonnen, begaben sich die Politiker des Landes, allen voran Václav Klaus, in gemeinsame Gespräche. Ohne Gewaltanwendung kam es am 1. Januar 1993 zur Auflösung der Tschechoslowakei und zur Gründung der Republiken Tschechien und Slowakei.

Madrid, Rom und London sollten sich genauso einsichtig zeigen, wenn Katalanen, Norditaliener, Südtiroler oder Schotten die Geduld mit ihren Zentralregierungen verlieren. Nicht nur, dass dickköpfiges Verhalten einer Regierung unnötigerweise Gewalt provoziert. Nein, kleine Staaten sind von Natur aus friedliebender und weniger gefährlich. Moralisch tiefstehenden Machtpolitikern böten sich dann weniger Möglichkeiten, ihre Instinkte zu befriedigen. Wer den Frieden sichern will, muss von Großstaatsgebilden Abstand nehmen. Weniger ist oft mehr. Und kleiner ist sicherer.

EPILOG

Zwei Zukunftsszenarien

Szenario 1: The United States of Europe

Herr Michel hatte gerade frustriert seinen Fernseher ausgeschaltet. In den Abendnachrichten war über ein Treffen des US-amerikanischen Präsidenten und des Präsidenten der USE (United States of Europe) berichtet worden. Danach hätten beide Nationen in den vergangenen Tagen weitreichende Absprachen getroffen. Spitzenbeamte würden nun die Details ausarbeiten und schon in Kürze sollten die getroffenen Vereinbarungen in Kraft treten, so ein Sprecher. Mit einem zuversichtlichen Lächeln in die Kameras blickend, sagten sich die beiden Staatschefs per Handschlag zu, sämtliche Steuerrichtlinien zu harmonisieren, eine Sondersteuer zur Finanzierung des Klimaschutzes einzuführen sowie Einfuhren aus anderen Ländern, die ihre Steuern nicht anzupassen bereit seien, mit massiven Strafzöllen und weiteren Handelssanktionen zu belegen.

Umstrittenster Punkt sei die Gesundheits-Flexi-Steuer gewesen, ließ der europäische Präsident im Interview wissen. Aber man habe sich mit den USA am Ende einigen können und sei sehr glücklich darüber. Wenn künftig der Zuckerpreis fiele und dadurch die Preise von Schokolade, Eis und anderen gesundheitsgefährdenden Süßigkeiten absinken würden, würde sich automatisch die Zuckersteuer erhöhen. Die dadurch erzielten Mehreinnahmen würden konsequent in den Ausbau des staatlichen Gesundheitssystems und den Ausbau des flächendeckend und kostenfrei angebotenen Veggie-Day investiert. Auch werde man schon in Kürze die Anschaffung von Fahrrädern subventionieren, damit sich die Bürger mehr bewegten. In Städten ab 10.000 Einwohner solle für jeden erwachsenen Einwohner zusätzlich der Erwerb eines Monatstickets für den Nahverkehr verpflichtend gemacht werden, um die Städte vom Autoverkehr zu entlasten. Manchmal müsse man die Menschen zu ihrem Glück zwingen, sagte der Präsident. Die Politik wisse, was gut für die Menschen sei.

An dieser Stelle schaltete Michel seinen Fernseher ab. Obwohl er alleine zu Hause war, schimpfte er lautstark vor sich hin. Er lehnte sich in seinem Sessel zurück und stierte an die Decke.

Er war – darüber war er sich inzwischen im Klaren – genau wie die große Mehrheit der europäischen Bürger den Phrasen und der Propaganda der Politiker auf den Leim gegangen. Früher hatte er die Ansicht vertreten, ein einzelnes Land, selbst Deutschland, könne in der Welt alleine nicht mehr bestehen, einerseits wegen der Herausforderungen der Globalisierung und andererseits der internationalen Terrorgefahren wegen.

Die EU-Staaten waren schließlich zu den »United States of Europe« verschmolzen worden. Herr Michel hatte diese Entwicklung damals beinahe achselzuckend hingenommen – erschien sie ihm doch als ein Fortschritt, der früher oder später sowieso gekommen wäre. In einzelnen Ländern gab es in den Monaten zuvor noch Proteste, aber die Teilnehmer wurden von der Politik und von den Medien als Spinner und Kleingeister abgetan. Die EU-Staaten, die den Euro noch nicht eingeführt hatten, mussten sich entscheiden: *remain or leave.*

Inzwischen regulierte und kontrollierte Brüssel *alles*. Die nationalen Parlamente tagten zwar noch, hatten aber kaum noch etwas zu melden. Sämtliche Kompetenzen waren in Brüssel zentralisiert worden. Dort arbeiteten heute über 300.000 Beamte.

Immer häufiger kamen bei Brüsseler Behörden Fälle von Korruption und Verschwendung ans Tageslicht, und stets ging es um Milliarden von Euro. Dass dafür jemand zur Rechenschaft gezogen wurde, davon hörte man nichts, obwohl für die sinnlosesten Projekte Unsummen verschleudert wurden. Investitionen wurden regelmäßig mit Klimaschutz, Verbesserung der Infrastruktur, besseren Bildungsmöglichkeiten, der Schaffung von Arbeitsplätzen oder der immer wieder gern vorgebrachten Plattitüde »soziale Gerechtigkeit« begründet. Kritiker, die sich zu widersprechen trauten, konnten sich auf Kampagnen gefasst machen, die an Rufmord grenzten.

Auch im Bereich Verteidigung hatte es massive Veränderungen gegeben. Die Bundeswehr war Geschichte und in der UEA (United European Army) aufgegangen. Das Verhältnis der EU zu Russland hatte sich massiv verschlechtert, nachdem die Ukraine der EU beigetreten war. Immer wieder kam es zu kleineren Zwischenfällen und Gefechten an der Grenze zu Russland. In ganz Europa wurde massiv aufgerüstet, vor allem an der Ostgrenze, und die Zahl der Atomsprengköpfe hatte sich nach Jahren der Abrüstung nach der Jahrtausendwende wieder deutlich erhöht.

An jeder Ecke waren zur Erhöhung der öffentlichen Sicherheit Kameras installiert. Immer öfter kam es in größeren europäischen Städten zu Terroranschlägen, aber die Menschen hatten sich irgendwie daran gewöhnt, alles schien ihnen alternativlos. Auch bei der Kriminalität hatte es in den letzten Jahren einen starken Anstieg gegeben. Doch man musste keine Angst haben, bei einem Überfall seines Bargeldes beraubt zu werden: Bis auf Münzen für die Abwicklung von Kleinstgeschäften war Bargeld abgeschafft und sofort danach ein allgemeiner Negativzins auf Bankeinlagen von minus 2 Prozent eingeführt worden. Dieser Negativzins sollte ein Jahr lang gelten, die Regelung war jedoch mittlerweile bereits zweimal verlängert worden.

In der Stadt, in der Michel wohnte, hatten viele Geschäftsleute und Unternehmer aufgegeben. Darunter auch einige Bekannte von ihm. Immer mehr Vorschriften und immer mehr Bürokratie hatten ihre Geschäfte unrentabel werden lassen. Viele Läden in den Innenstädten standen leer. Große Handelsketten und große Unternehmen kamen mit den immer bürokratischeren Brüsseler Vorschriften leichter zurecht. Der Aufwand, sie zu erfüllen, war nur noch von Großkonzernen zu stemmen. Und mit Darlehen zu Zinssätzen von nahe null zogen sie in den Gewerbegebieten vor den Städten überdimensionierte Märkte hoch und setzten so immer mehr Einzelhändler unter Druck, die letztlich die Segel streichen mussten. Nachmieter für ihre Immobilien fanden sich häufig nur noch in Betreibern von Handyläden oder Nagelstudios, wenn überhaupt.

Altersarmut griff immer mehr um sich. Die Babyboomer-Generation war mittlerweile im Ruhestand, aber ihre Lebensversicherungen, Sparpläne und andere traditionelle, konservativ ausgerichtete Anlagen hatten aufgrund der Null- und Negativzinsen nicht genügend erwirtschaftet, damit sie den Lebensstandard im Alter halten könnten. Millionen Bürger waren davon betroffen. Die Innenstädte machten einen immer trostloseren Eindruck, die Kaufkraft fehlte an allen Ecken, auch an Geld für die Instandhaltung der Immobilien mangelte es zusehends.

Ein guter Bekannter von Michel, früher Inhaber eines Sportgeschäfts, hatte ihm vor ein paar Jahren auf einer Geburtstagsfeier einmal sein Herz ausgeschüttet. Vielleicht hatte er ein Glas Wein zu viel getrunken und war entsprechend redselig. Ab zehn Mitarbeitern, hatte Brüssel beschlossen, müssten Unternehmer mindestens einen Migranten einstellen, für weitere freiwillig Eingestellte gab es sogar Subventionen. Er habe ja nichts gegen Ausländer, und vor allem, wenn in deren Heimatländern Krieg herrsche, habe er vollstes Verständnis, wenn sie flüchteten. Aber wenn sie doch kein Deutsch könnten und keine Ausbildung hätten, beklagte sich sein Bekannter, dann könne er so jemanden einfach nicht gebrauchen und nicht finanzieren. Im letzten Jahr musste er Insolvenz anmelden.

Michel selbst arbeitete bei einem großen Konzern im Controlling. Sein Unternehmen war kürzlich übernommen worden, nachdem das Unternehmen, bei dem er ursprünglich einmal angefangen hatte, nur wenige Monate zuvor ebenfalls übernommen worden war. Wie es mittlerweile um die genauen Besitzverhältnisse bestellt war, das wussten die Mitarbeiter gar nicht mehr. »Irgendein Hedgefonds«, meinten die meisten. Eigentlich war es auch egal, denn der einzelne Mitarbeiter spielte ohnehin keine Rolle mehr. Durch seine Arbeit als Controller wurde ihm täglich vor Augen geführt, worauf es der Geschäftsleitung ankam. Natürlich muss ein Unternehmen Gewinne machen, das war Michel auch klar, aber es müssen auch Ersatzinvestitionen getätigt werden. Das war aber kein Punkt auf der To-do-Liste der Geschäftsführer. Im Mittelpunkt standen möglichst hohe Ausschüttungen an die Anteilseigner und üppige Boni für die Manager. Er war bloß heilfroh, dass er es nicht ausbaden musste, wenn die Zahlen, die seine Abteilung ermittelte, mal wieder nicht den Vorstellungen der Geschäftsleitung entsprachen.

Michel hatte die letzten Jahre des Öfteren mit dem Gedanken gespielt, Europa zu verlassen. Einfach nur weg. Aber wohin? Um in ein anderes Land zu ziehen, wo man noch frei leben konnte, weniger Steuern zahlen müsste oder einfach nur weniger gegängelt würde, müsste man ja Tausende Kilometer wegziehen. Außerdem hatte Brüssel eine Wegzugssteuer von einem ganzen Jahresgehalt eingeführt. Wie sollte er das aufbringen? Das konnte sich praktisch niemand mehr leisten.

Einer von Michels Bekannten hatte es 2018 in die Schweiz geschafft. Lange konnte er die neue Freiheit allerdings nicht genießen. Als Großbritannien nach der Brexit-Entscheidung die EU schließlich verließ, vereinbarten die Briten sofort völlig freien Warenverkehr mit der Schweiz. Er konnte sich noch gut erinnern, als der britische Premierminister den Vertrag bei einer Pressekonferenz präsentierte. Sein Bekannter hatte ihm den Link zu einer Liveübertragung im Internet geschickt, mit dem Hinweis, das solle er sich unbedingt ansehen. Im öffentlich-rechtlichen Fernsehen in Deutschland wurde nicht darüber berichtet. Der Freihandelsvertrag zwischen Großbritannien und der Schweiz war genau eine Seite lang. Die Regierungschefs beider Länder waren sichtlich stolz auf das Ergebnis.

Kurz danach begann Brüssel jedoch, die Schweiz unter Druck zu setzen. Die EU-Führung formulierte es zwar diplomatischer, aber die Forderung an die Schweiz lautete: »Entweder ihr tretet der EU bei oder wir kündigen sämtliche bilateralen Handelsvereinbarungen mit euch.« 40 Prozent der Schweizer Exporte gingen zu dieser Zeit in die EU. Die Empörung in der Schweiz war zunächst groß. Aber die Drohung war eine Steilvorlage für diejenigen politischen Kräfte in der Schweiz, deren Ziel es seit jeher war, die Eidgenossen zu einem Bestandteil der EU zu machen. Sie machten gewaltig Stimmung, und der gegenüber dem Euro erstarkte Schweizer Franken spielte ihnen in die Hände. Bald darauf kam es zu einer Volksabstimmung. Eine noch nie zuvor da gewesene Propagandakampagne – es wurde vermutet, sie sei finanziell massiv von Brüssel unterstützt worden – hatte die Eidgenossen vorher weichgeklopft. Mit einer deutlichen Zweidrittelmehrheit stimmten die Schweizer für ihren Beitritt zu den USE. Seit vorigem Jahr gab es die Schweiz als eigenständigen Staat nicht mehr.

Szenario 2: Rückbesinnung auf das Kleine

Herr Tell stand auf seinem Balkon und blickte über die Stadt. Noch vor fünf Jahren war hier nichts als grüne Wiese. Mittlerweile hatte Titus-Stadt rund 8.000 Einwohner, klein, aber fein, könnte man sagen. Etwa 40 Jahre zuvor war Herr Tell das erste Mal in dieser Gegend gewesen, als er mit seinen Eltern Urlaub im Thüringer Wald machte. Nie im Leben, dachte er sich damals, möchte er diese gottvergessene Region einmal sein Zuhause nennen. Wäre der Euro nicht eingeführt worden, stünde er jetzt vielleicht auch nicht auf diesem Balkon und würde bei einem Glas Rotwein den Sonnenuntergang genießen. Rückblickend war die Währungsunion gewissermaßen der Anfang vom Ende.

Die Jahre der Euphorie nach der Euro-Einführung waren mit Beginn der Finanzkrise schnell verflogen. Es folgte die Ernüchterung. Die Krise brachte all die Fehlinvestitionen, nicht nur in Südeuropa, zutage, die immer billigeres Kreditgeld aus dem Nichts verursacht hatte. Jahrelang versuchten Regierungen mit Rettungsschirmen und Investitionsprogrammen und die Europäische Zentralbank mit Nullzinsen sowie der Monetisierung von Staatsschulden das größte Geldexperiment aller Zeiten am Leben zu erhalten. Die europäische Integration wurde mit aller Macht vorangetrieben, doch am Ende waren alle Bemühungen vergebens. Geldpolitische Verzweiflungstaten wie Negativzinsen und Helikoptergeld verschlimmerten die Verwerfungen eher noch. Schließlich bahnte sich die Krise ihren finalen Weg und es kam, wie es kommen musste: Eine Depression, schlimmer als die der 1930er Jahre, suchte Europa und in Folge die ganze Welt heim.

Nachdem die Briten konsequenterweise aus der EU ausgetreten waren, war das totale Chaos für Großbritannien interessanterweise ausgeblieben, das Gegenteil von dem also, was die EU-Oberen vorausgesagt hatten. Großbritannien öffnete sich unilateral der ganzen Welt für den Handel, konnte sich aber den Auswirkungen der weltweiten Depression nicht entziehen. Jedoch erwischte es die Briten nicht ganz so schlimm wie die EU-Länder.

Einmal mehr war es Brüssel, von wo aus man den Bürgern Rettung versprach. Die Reichen müssten jetzt Solidarität zeigen, hieß es, als die Arbeitslosenraten in die Höhe schossen. In der Praxis bedeutete das, dass die Steuern für Vermögende in der EU massiv erhöht wurden. Zur Überraschung vieler Menschen aus der Mittelschicht zählten auch sie zu den Vermögenden. Außerdem sollten die reicheren EU-Länder die ärmeren noch stärker unterstützen, damit die Ungleichgewichte innerhalb der EU nicht zu groß würden. Innerhalb der jeweiligen Nationen wurde ebenfalls immer mehr umverteilt und den Leistungsstärkeren immer mehr zugemutet. So sollten in den einzelnen Ländern wirtschaftlich stärkere Bundesländer oder Provinzen die schwächeren finanzieren, bis die Krise vorüber sei. Das Wort »Solidarität« löste das Wort »sozial« an der Spitze der Skala der von Politikern am häufigsten gebrauchten Worte ab.

Aber Worte aus Politikermund schienen die Menschen in Europa nicht mehr zu überzeugen, vielmehr zu provozieren, verständlicherweise vor allem die, die einmal mehr die Suppe auslöffeln sollten. Es kam zu massiven, nie da gewesenen Protesten, zunächst in Katalonien, bald darauf in Norditalien, bei denen man sich ein Vorbild an den Briten nahm. Es hatte den Anschein, als gingen buchstäblich alle Bürger auf die Straße; auch Herr Tell hatte sich an den Protestmärschen beteiligt. Er konnte mit seinem Engagement zufrieden sein. Er hatte bei Bürgerdebatten mitgemischt, Informationsmaterial unter die Leute gebracht und im Internet geteilt, in seinem Familien- und Bekanntenkreis Aufklärung betrieben. Er war einer von vielen. Es hatte sich eine sich selbst verstärkende, immer schneller wachsende Bewegung entwickelt. Die Menschen gaben nicht mehr auf. Ein Wettbewerb der Ideen war in Gang gekommen und die besseren Ideen begannen, sich durchzusetzen. Getrieben von visionären Politikern, die seit Jahren für die Abspaltung ihrer Regionen kämpften, spürten die Regierungen bald, dass sie der Lage nicht mehr Herr würden. Als erkennbar war, dass die Proteste der Katalanen und der Norditaliener von Erfolg gekrönt sein könnten, gingen auch die Bürger in Bayern und Baden-Württemberg auf die Straße. Die Schotten taten es ihnen gleich. Regionale Bewegungen schossen wie Pilze aus dem Boden. Die Hanse wurde wiederbelebt. Auf den jährlichen Treffen forderten mehrere altehrwürdige Handelsstädte ihre Unabhängigkeit.

Wahrscheinlich gaben die Regierungen den Sezessionsbestrebungen vieler Regionen und Städte am Ende deshalb nach, weil wirtschaftlich ohnehin alles darniederlag und sie davon ausgingen, schlimmer könne es sowieso nicht mehr kommen. Der Hauptgrund aber war wohl, dass sie sich scheuten, die Proteste mit Gewalt niederzuschlagen. Der hätte es nämlich bedurft, um die aufgebrachten Menschen wieder unter Kontrolle zu bringen.

Dann ging alles relativ schnell. Zuerst spalteten sich die Norditaliener ab und riefen die Unabhängigkeit aus. Im Jahr darauf taten es ihnen die Katalanen gleich und sagten: »Adéu, Espanya!« Bayern und Baden-Württemberg gingen nur zwei Jahre später den Weg in die Selbstständigkeit. Kurz darauf folgte eine ganze Reihe alter Hansestädte. Die Augen vor der Realität verschließend übten sich die Brüsseler Eliten in Drohgebärden – die Abtrünnigen würden von jeglichem bilateralen Handel mit der EU ausgeschlossen! Doch das brachte die Menschen nicht mehr von ihren Zielen ab. Die Drohungen Brüssels waren letztlich nur noch heiße Luft. Jeder wusste das inzwischen. Denn gleich ob Katalonien, Bayern, Baden-Württemberg, Norditalien oder die Hansestädte: Es waren allesamt wirtschaftlich enorm wichtige Handelsknoten oder starke Industrieregionen, auf deren Produkte die restliche EU gar nicht verzichten konnte, ohne sich selbst massiv zu schaden.

Es dauerte nicht allzu lange und die neu entstandenen Nationen konnten sich wirtschaftlich noch deutlicher als zuvor absetzen. Die neuen Regierungen hatten die Steuern für Private und Unternehmen reduziert. Sofort nahmen Investitionen und Innovationen zu, genau wie die neidvollen Blicke von außen. In immer mehr Bundesländern in Deutschland, in den Departements, Regionen und Städten anderer Nationen wurden die Stimmen lauter, ebenfalls den Weg der »Abtrünnigen« zu gehen und sich nicht mehr alles zentral von Brüssel und den jeweiligen Hauptstädten diktieren zu lassen.

Wie zu erwarten, ging nun auch das letzte Vertrauen in den Euro verloren. Von der ursprünglichen Kaufkraft war ohnehin nicht mehr viel übriggeblieben. Den in der EU verbliebenen Volkswirtschaften versetzte dies einen nochmaligen Schlag. Die Regierungen der nun selbstständigen Länder hatten aber in weiser Voraussicht vorher bereits Privatwährungen als ergänzende Zahlungsmittel zugelassen. Es kursierten Gold und Silber in elektronischer Form. Auch Bitcoins fanden mehr und mehr Verwendung. Das wirtschaftliche Chaos durch den Zusammenbruch des Euro hielt sich also in Grenzen, denn es gab weiter funktionierende Tauschmittel.

Langsam, aber sicher glich die Landkarte Europas einem Flickenteppich; wie Deutschland zu Goethes Zeiten. Jede neue kleine Nation, Region oder unabhängige Stadt verfolgte konsequent eine Politik des freien Handels mit anderen Nationen. Mehr und mehr Länder konzentrierten sich auf das, was sie am besten konnten, schauten beim Nachbarn ab, ahmten nach und vermieden die Fehler, die andere irrtümlicherweise begangen hatten.

Geldmittel für Subventionen unsinniger Projekte waren seit dem Zusammenbruch des Euro praktisch nicht mehr da, auch die sozialstaatlichen Leistungen wurden zusammengestrichen. Armutsmigration gab es dadurch praktisch nicht mehr, die Grenzen konnten geöffnet werden und ließen den Warenverkehr florieren.

Die fehlenden Subventionen ließen in strukturarmen Regionen die Preise für Immobilien, Grund und Boden auf der Realität entsprechende Niveaus absinken. So auch in dem inzwischen ebenfalls selbstständigen »Thüringen«. Die dortige Regierung hatte zunächst gezögert, als ein findiger und gleichzeitig visionärer Unternehmer mit dem Vorschlag an sie herantrat, ihm ein Stück Land zur Gründung einer privaten Stadt zur Verfügung zu stellen. Die Bürokraten konnten sich nicht vorstellen, was vor den Augen des Visionärs schon fertig und vollendet erschien. Er verwies auf eine vor zehn Jahren von ihm auf einem Teilstück des Staatsgebietes von Honduras gegründete Privatstadt. Dort lebten mittlerweile 10.000 Menschen aus der ganzen Welt. Die Städte seien nur etwas für Reiche, ein Durchschnittsbürger könne sich das Wohnen dort nicht leisten, so etwas sollten wir nicht unterstützen, bemäkelten Kritiker das Konzept. Doch um die Privatstadt in Honduras herum hatte sich eine blühende Wirtschaft entwickelt. Dienstleister, Handwerker, Bauunternehmer und viele Branchen mehr hatten sich um die damals erste »Private City« angesiedelt. Tausende von Arbeitsplätzen waren entstanden, in einer Region, die kurz zuvor noch von Kriminalität, Arbeitslosigkeit und Armut geprägt war. Das Verweismodell überzeugte die Regierung von Thüringen schließlich. Ein Politiker sagte in einem Interview wörtlich: »Vielleicht fängt unsere Landschaft ja doch noch zu blühen an, wie Kanzler Kohl es seinerzeit den Bürgern versprochen hat.« So entstand Titus-Stadt.

Herr Tell blickte vom Balkon auf das geschäftige Treiben in den Straßen. Wenn er die letzten Jahrzehnte Revue passieren ließ, freute er sich neben der Tatsache, dass politische Macht kaum mehr eine Rolle spielte, am allermeisten darüber, dass die Welt friedlicher geworden war. Durch die politische Zergliederung hatte die NATO massiv an Einfluss verloren. Selbst die USA, die im Zuge der Wirtschaftskrise genug mit sich selbst zu tun hatten, waren in ihrer Außenpolitik friedlicher geworden. Eigentlich kein Wunder, schließlich verloren sie ja auch einen Verbündeten nach dem anderen. Die in den Jahren nach der letzten Jahrtausendwende beginnende, politisch herbeigeredete Bedrohungslage durch Russland entpuppte sich ebenfalls, wie so vieles, als Propaganda.

Die Politik in Russland war noch weit davon entfernt, dass man sie als »liberal« hätte bezeichnen können. Doch mit Blick auf die Entwicklungen im Westen blieb auch der russischen Führung nichts anderes übrig, als ihren Bürgern immer mehr Freiheiten einzuräumen.

Immer mehr Menschen in immer mehr Regionen und Städten auf der Welt kamen zur Überzeugung: »Wir schaffen das – alleine.«

Quellen

Bandulet, Bruno, *Beuteland*, 2016, Rottenburg: Kopp

Eckermann, Johann Peter, *Gespräche mit Goethe*, 1999, München: dtv

Erhard, Ludwig, Stockholmer Rede, 23.03.1963, in: *Gedanken aus fünf Jahrzehnten*, 1988, Düsseldorf: Econ

Fergusson, Adam, *Das Ende des Geldes*, 3. Auflage 2012, München: FinanzBuch Verlag

Hans-Adam II. Fürst von Liechtenstein, *Der Staat im dritten Jahrtausend*, 2. Auflage 2014, Triesen/Liechtenstein: van Eck Verlag

Hayek, Friedrich von, *Die verhängnisvolle Anmaßung: Die Irrtümer des Sozialismus*, 1988, Tübingen: Mohr

Hoppe, Hans-Hermann, *Demokratie. Der Gott, der keiner ist*, 2003, Waltrop: Manuscriptum

Hoppe, Hans-Hermann, *Der Wettbewerb der Gauner*, 2012, Berlin: Holzinger Verlag

Hoppe, Hans-Hermann, Small is Beautiful and Efficient: The Case For Secession, in *Telos*, 1996, 95-101

Kohr, Leopold, *Die überentwickelten Nationen*, 2003, Salzburg: Otto Müller Verlag

Kohr, Leopold, *»Small is beautiful«*, 1995, Wien: Deuticke

Kohr, Leopold, *Weniger Staat*, 2004, Salzburg: Otto Müller Verlag

Lips, Ferdinand, *Die Goldverschwörung*, 2006, Rottenburg: Kopp

Lüders, Michael, *Wer den Wind sät. Was westliche Politik im Orient anrichtet*, 2015, München: C.H. Beck

Mises, Ludwig von, *Liberalismus*, 1927, Jena: Verlag Gustav Fischer

Mises, Ludwig von, *Nationalökonomie. Theorie des Handelns und Wirtschaftens*, 1940, Genf: Editions Union Genf

Paul, Ron, *Swords into Plowshares*, 2015, Clute, TX: Ron Paul Institute for Peace and Prosperity

Polleit, Thorsten (Hrsg.), *Ludwig von Mises: Leben und Werk für Einsteiger*, 2013, München: FinanzBuch Verlag

Raico, Ralph, Das europäische Wunder in Europa: Die Wiederentdeckung eines großen Erbes, in: Pierre Bessard (Hrsg.), *Europa – Die Wiederentdeckung eines großen Erbes*, 2015, Zürich: Edition Liberales Institut

Rothbard, Murray N., *Für eine neue Freiheit*, Band 1, 2012, edition g

Rummel, Rudolph Joseph, *Death by Government*, 1994, New Brunswick: Transaction Publishers

Sarrazin, Thilo, *Wunschdenken*, 2016, München: DVA

Scharnagl, Wilfried, *Bayern kann es auch allein*, 2012, Berlin: Quadriga

Taleb, Nassim Nicholas, *Antifragilität*, 2013, München: Knaus

Vaubel, Roland, Der Wettbewerb der Staaten als Erfolgsgeheimnis Europas: Eine Theoriegeschichte, in: Pierre Bessard (Hrsg.), *Europa – Die Wiederentdeckung eines großen Erbes*, 2015, Zürich: Edition Liberales Institut

Vaubel, Roland, The Role of Competition and in the Rise of Baroque and Renaissance Music, in: *Journal of Cultural Economics*, 2005, 29 (4), 277–97

Watson, Peter, *The German Genius. Europe's Third Renaissance, the Second Scientific Revolution and the Twentieth Century*, 2010, New York: Harper

Weede, Erich, Die Stellung Europas in der Welt, in: Pierre Bessard (Hrsg.), *Europa – Die Wiederentdeckung eines grossen Erbes*, 2015, Zürich: Edition Liberales Institut

Wohlgemuth, Michael, Liberale Perspektiven für die Europäische Union, in: Pierre Bessard (Hrsg.), *Europa – Die Wiederentdeckung eines großen Erbes*, 2015, Zürich: Edition Liberales Institut

****

Berkling, Kristof, Was uns die Geschichte der Mark Banco lehrt, 2013, http://www.misesde.org/?p=4014

Berschens, Ruth, Verschwendung von EU-Geldern, Finanzspritzen für Geisterhäfen, http://www.handelsblatt.com/politik/international/verschwendung-von-eu-geldern-finanzspritzen-fuer-geisterhaefen/14589180.html

Bundesministerium der Finanzen, Der Finanzausgleich unter den Ländern für die Zeit vom 01.01.2015 – 31.12.2015, http://www.bundesfinanzministerium.de/Content/DE/Standardartikel/Themen/Oeffentliche_Finanzen/Foederale_Finanzbeziehungen/Laenderfinanzausgleich/Vorlaeufige-Abrechnung-Laenderfinanzausgleich-2015.pdf?__blob=publicationFile&v=3

Durden, Tyler, Greenspan's Stunning Admission: »Gold Is Currency; No Fiat Currency, Including the Dollar, Can Match It«, http://www.zerohedge.com/news/2014-11-07/greenspans-stunning-admission-gold-currency-no-fiat-currency-including-dollar-can-ma

Eder, Florian, 4.365 EU-Beamte verdienen mehr als die Kanzlerin, https://www.welt.de/wirtschaft/article113330591/4365-EU-Beamte-verdienen-mehr-als-die-Kanzlerin.html

Eder, Florian; Fründt, Steffen, Mit diesen Subventionen macht sich die EU lächerlich, https://www.welt.de/wirtschaft/article113327516/Mit-diesen-Subventionen-macht-sich-die-EU-laecherlich.html

Gammelin, Cerstin, Lobbyismus in Brüssel, Macht, Milliarden, Meinungsmacher, http://www.sueddeutsche.de/politik/lobbyismus-in-bruessel-macht-milliarden-meinungsmacher-1.1957639

Gauck, Joachim im ARD-Interview »Bericht aus Berlin« mit Hassel, Tina, http://www.bundespraesident.de/SharedDocs/Reden/DE/Joachim-Gauck/Interviews/2016/160619-Bericht-aus-Berlin-Interview.html

Gebel, Titus, Liechtenstein als Vorbild für Deutschland?, http://www.misesde.org/?p=14652

Groll, Tina, G20, Wirtschaftsmächte dringen auf strengere Steuerregeln für Konzerne, http://www.zeit.de/wirtschaft/2016-07/g20-finanzminister-steuerpolitik-finanztransaktionssteuer

Hayek, Friedrich August von, The Use of Knowledge in Society, https://fee.org/articles/the-use-of-knowledge-in-society/

Höltschi, René, Bilanz des EU-Südkorea-Abkommens, Eine Lanze für den Freihandel, http://www.nzz.ch/wirtschaft/wirtschaftspolitik/bilanz-des-eu-suedkorea-abkommens-eine-lanze-fuer-den-freihandel-ld.103503

International Monetary Fund/Internationaler Währungsfonds, https://www.imf.org/external/

Losse, Bert, Inflation, Milliarden fürs Brot, http://www.wiwo.de/politik/konjunktur/inflation-milliarden-fuers-brot/7219052.html

Meyn, Charlotte Sophie, Kommt nach dem Brexit der Bayxit?, http://www.faz.net/aktuell/politik/brexit/kommt-nach-dem-brexit-der-bayxit-14337166.html

Pauker, Benjamin, Epiphanies from Nassim Nicholas Taleb, http://foreignpolicy.com/2012/10/08/epiphanies-from-nassim-nicholas-taleb/

Polleit, Thorsten, Fiskalpolitik: ›Keynesianer‹ versus ›Austrians‹, 2016, http://www.misesde.org/?p=12875

Rompuy, Herman Van; Barroso, José Manuel Durao, Vom Krieg zum Frieden – eine europäische Geschichte, Dankesrede zur Verleihung des Friedensnobelpreises® an die Europäische Union, https://europa.eu/european-union/sites/europaeu/files/docs/body/npp2013_de.pdf

SIPRI Milex data 1988–2015, https://www.sipri.org/sites/default/files/Milex-constant-USD.pdf

Statista – Das Statistik-Portal, https://de.statista.com/

Die Autoren

Andreas Marquart ist Vorstand des Ludwig-von-Mises-Instituts Deutschland. Nach dem Abitur absolvierte er eine klassische Bankausbildung und machte sich 1998 nach 15 Jahren als Banker in der Finanzdienstleistung mit dem Schwerpunkt Vermögensanlage selbstständig. Er orientiert sich bei der Beratung an den Erkenntnissen der Österreichischen Schule der Nationalökonomie. Mehr zu seiner Person unter: http://austrianconsult.de

Philipp Bagus ist Professor für Volkswirtschaftslehre an der Universidad Rey Juan Carlos in Madrid. Er veröffentlicht Beiträge in internationalen Fachzeitschriften wie *Journal of Business Ethics, Independent Review* und *American Journal of Economics and Sociology*. Seine Arbeiten wurden mit dem »O.P. Alford III Prize in Libertarian Scholarship«, dem »Sir John M. Templeton Fellowship«, dem »IREF Essay Preis« und dem »Ron Paul Liberty in Media Award« ausgezeichnet. Er ist außerdem Träger des »Ludwig Erhard Förderpreises für Wirtschaftspublizistik 2016«. Sein Buch *Die Tragödie des Euro* (FinanzBuch Verlag) wurde in 13 Sprachen übersetzt. Mit David Howden hat er außerdem das Buch *Deep Freeze: Iceland's Economic Collapse* veröffentlicht.

Die Tragödie des Euro

Philipp Bagus

Die Konstruktion der EU ist das Resultat des Ringens zweier Visione
für Europa. Die liberale Vision vertritt eine freie Marktwirtschaft i
einem Europa der offenen Grenzen. Auf der anderen Seite steht di
sozialdemokratische Vision Europas. Sie sieht Europa als Festung
protektionistisch nach außen und wohlfahrtsstaatlich nach inne
Von Mitterand als Preis der Wiedervereinigung gefordert, war de
Euro ein Mittel, sich der DM und der »Tyrannei« der Bundesbank z
entledigen. Der Euro reizt zum Schuldenmachen. Unabhängig
Regierungen können sich einer Zentralbank bedienen, um ihre Hau
haltsdefizite zu bezahlen. Das Ganze ähnelt einer Notenpresse m
verschiedenen Eigentümern. Die Konstruktion provoziert Schulden
krisen, welche im Sinne der sozialdemokratischen Vision zur Erric
tung einer Transferunion genutzt werden.

208 Seiten | Hardcover | 17,99 € (D) | ISBN 978-3-89879-670-5

Warum andere auf Ihre Kosten immer reicher werden

Andreas Marquart | Philipp Bagus

Das Geld kommt vom Staat! Das stellt eigentlich niemand infrage. Sollten Sie aber. Denn Deutschland hat wie alle Länder der Welt ein reines Papiergeldsystem, in dem neues Geld aus dem Nichts entsteht. Andreas Marquart und Philipp Bagus zeigen Ihnen, wie Geld entsteht und warum unser jetziges Geld schlechtes Geld ist. Sie erfahren, wie wichtig gutes Geld für eine Volkswirtschaft ist und welchen Einfluss schlechtes Geld auf jeden Einzelnen in der Gesellschaft hat. Welche Rolle spielen eigentlich Staat, Regierung und Politik bei der Umverteilung zugunsten Superreicher? Warum ist die naive Staatsgläubigkeit alles andere als eine Zukunftsstrategie für uns Bürger? Wer Politikern – und sei es nur aus einem Bauchgefühl heraus – noch nie vertraut hat, wird in diesem Buch den Beleg dafür erhalten, dass er mit diesem Gefühl richtigliegt. Ein leicht verständlicher Einstieg in die Frage, warum Geld für viele Missstände in unserer Gesellschaft verantwortlich ist.

192 Seiten | Broschur | 16,99 € (D) | ISBN 978-3-89879-857-0